LA POLOGNE

DEVANT

L'EUROPE

PAR

JOSEPH TAŃSKI

PARIS

LIBRAIRIE DE POULET-MALASSIS

97, rue Richelieu, 97

1862

LA POLOGNE

DEVANT

L'EUROPE

PARIS. — IMPRIMERIE POUPART-DAVYL ET Cⁱᵉ
Rue du Bac, 30.

LA POLOGNE

DEVANT

L'EUROPE

PAR

JOSEPH TAŃSKI

PARIS

LIBRAIRIE DE POULET-MALASSIS

97, rue Richelieu, 97

1862
1861

CHAPITRE Ier

LES POLONAIS ET LA RÉVOLUTION FRANÇAISE

L'Europe est à la veille d'une transformation politique que tout le monde prévoit, mais dont personne ne saurait apprécier la portée et les conséquences. Cette transformation menace le nord et l'orient de l'Europe, et plus particulièrement la Russie et l'Autriche, qui ont toujours

opposé la plus énergique résistance à la civilisation occidentale, et n'ont accepté les idées nouvelles qu'autant qu'elles pouvaient accroître et
consolider leur pouvoir absolu et seconder leur
politique ambitieuse.

Une question immense, la plus importante de
toutes celles qui aient surgi en Europe, la question
des nationalités, agite aujourd'hui tous les esprits.
Cette question, née à l'époque la plus fatale pour
le principe monarchique, est l'effet et le produit
des deux plus grands événements des temps modernes, le partage de la Pologne et la révolution de
89. Ces deux événements ont une corrélation frap-
pante et ont exercé réciproquement une influence
considérable sur les destinées de la France et de
la Pologne.

Le démembrement définitif de la Pologne, pré-
paré avec un raffinement inouï de perfidie et de
violence, fut précipité et accompli en haine de la

révolution française, qui servit de prétexte à cette inique spoliation (1).

Depuis cette époque, l'ordre politique et moral, en Europe, a été ébranlé jusque dans ses fondements ; les trois cabinets co-partageants se montrèrent attentifs aux moindres changements intérieurs des autres Etats, et intervenaient dans tous les démêlés entre les souverains et leurs peuples avec cette entente et cette solidarité qu'un crime commun donne à des complices également intéressés. Si la victoire avait couronné leurs armes lors de la première invasion, ils auraient vengé la royauté, comme ils ont partagé la république polonaise. N'ont-ils pas élevé leurs prétentions sur la Lorraine et l'Alsace, en vertu des mêmes droits et des mêmes principes que l'Autriche a fait valoir pour s'incorporer la Gallicie, la Russie pour s'emparer de la Russie blanche,

(1) Voir les notes et pièces justificatives.

de l'Ukraine, de la Lithuanie, et la Prusse pour prendre le duché de Posen et les villes de Thorn et de Dantzick, objets de sa longue convoitise ?

Dès lors les Polonais et les Français, se trouvant en face et aux prises avec les mêmes ennemis qui ont juré à la révolution de 89, comme à l'indépendance de la Pologne, une haine implacable et une guerre à outrance, ont contracté une alliance intime qui ne s'est jamais démentie, quelle que fût la situation réciproque des deux nations. La France a toujours couvert de sa protection la Pologne ; les Polonais n'ont pas cessé de considérer la France comme une seconde patrie. Aussi la Pologne ne croira jamais son indépendance rétablie et ses libertés assurées, sans l'intervention de la France agissant dans la plénitude de sa puissance en Europe.

La première alliance fraternelle entre les Français et les Polonais, depuis la révolution de 89, s'est faite en Italie ; elle s'est cimentée sur les champs de bataille. L'Italie vit avec étonnement se déployer, au milieu de ses peuples divisés, le glorieux étendard de la nationalité polonaise.

Cependant, les légions polonaises étaient formées pour la plupart avec des soldats sortis des rangs russes, autrichiens, prussiens, qui abandonnaient leurs drapeaux avilis par le honteux partage de la Pologne, pour se rallier sous l'étendard de leur patrie opprimée, démembrée, effacée de la carte de l'Europe.

Quel terrible enseignement pour ceux qui président aux destinées des peuples! Les bannières des Habsbourg et de Brandebourg, autrefois l'emblème de l'honneur, de la sainteté du serment et de la fidélité au souverain, perdirent tout leur prestige dès qu'elles eurent servi à couvrir en Pologne la trahison, la perfidie, le renversement de tous les principes et de tous les droits. On vit dès lors s'élever à leur place le drapeau des nationalités, qui représente aujourd'hui les immortels

principes de moralité, de justice dont les gouvernements, comme les individus, ne peuvent s'écarter
impunément. Ce sont les Polonais, le peuple le plus
malheureux et le plus injustement opprimé, qui
les premiers ont défendu et arrosé de leur sang ce
nouveau signe de ralliement de tous les peuples
qui veulent être indépendants et libres !

En vain les souverains spoliateurs de la Pologne
croyaient, dans leur aveuglement, augmenter leur
puissance en agrandissant leurs Etats; en mettant
sur le pied de guerre de nombreuses armées, ils ne
s'apercevaient pas qu'ils faisaient entrer dans les
rangs de leurs soldats, jusque sous leurs drapeaux,
les éléments les plus dissolvants. En effet, les légions polonaises faisaient une propagande plus
dangereuse que la démagogie révolutionnaire la
plus active, car elles énervaient les forces vitales
des armées combattantes. Les soldats polonais qui
donnaient à leurs frères d'armes des exemples
si subversifs de l'ordre et de la discipline, traités

en criminels dans leurs armées, devenaient des modèles de toutes les vertus militaires sous le drapeau national, et montraient la bravoure dans les combats, la constance dans l'adversité, la fidélité à toute épreuve à la cause qu'ils servaient.

L'étendard des nationalités élevé en face des bannières des vieilles monarchies a transporté sur les champs de bataille la lutte des principes, lutte qui n'avait lieu jusqu'alors que dans les assemblées délibérantes, les clubs ou les sociétés secrètes. Le sentiment national illumina l'esprit des peuples, changea l'emblème des drapeaux et fit disparaître le prestige qui environnait les couronnes. Les légions polonaises, comme plus tard les légions de l'Italie unitaire, comme le seront, un jour, les légions hongroises, croates, bohêmes, etc., ont été, de retour dans leur pays, l'idole, la gloire du pays et le symbole de son indépendance.

La création du duché de Varsovie fut la récompense de l'héroïsme des légions polonaises. Cette résurrection partielle opérée sous la protection de la France et de son armée donna la mesure de ce que l'Europe peut attendre, un jour, d'une Pologne rétablie dans ses droits et dans ses limites. Pendant tout le temps de cette existence nationale, la Pologne a montré un esprit gouvernemental, une soumission constante aux lois ; aucun trouble, aucune opposition n'ont signalé cette époque difficile de son indépendance, où elle avait à déployer des ressources extraordinaires dépassant ses moyens et ses richesses. Elle voulait prouver, avant tout, qu'elle était digne d'appartenir à la grande famille européenne dont elle a fait si longtemps partie et qu'elle a défendue plus d'une fois contre l'invasion de la barbarie tartare, turque et moscovite.

La Russie a reconnu, la première, ce qu'il y a de force, de vitalité et d'avenir dans ce principe de nationalité. Elle s'en est emparée pour s'en servir, comme elle s'était servie des principes de liberté politique et de tolérance religieuse pour fomenter

des désordres en Pologne, organiser des soulèvements en Allemagne, encourager les partis démocratiques en France et en Espagne. Alexandre Ier
se fit le restaurateur de la Pologne, lui donna
des institutions constitutionnelles, sachant bien que
la liberté entre les mains d'un despote qui dispose
d'un million de soldats barbares, n'est qu'un jouet
qu'il peut briser à son moindre caprice. Le royaume
de Pologne, sous la tutelle de la Russie, ne fut
point, comme autrefois sous Sobieski et les rois nationaux, un boulevard contre la barbarie, une sen-
tinelle avancée de la civilisation, sur les limites de
l'Europe et de l'Asie; la Pologne reconstruite et
organisée pour la Russie ne fut que sa place d'armes, son camp permanent, sa première étape
contre l'occident de l'Europe.

Aussi Alexandre Ier consacra-t-il toutes les ressources du pays à la création d'une armée polonaise,
dont il fit le modèle de toute l'armée russe. Organisée à la manière française, administrée avec soin,

tenue sur le pied de guerre, payée quatre fois autant que les troupes russes, l'armée polonaise fut considérée comme un corps d'élite ; elle fournissait des instructeurs à tous les régiments russes et jouissait des faveurs particulières du souverain, pour lequel elle était un objet d'orgueil et de grandes espérances.

La révolution de juillet 1830 jeta dans une grande perplexité le Czar de Russie et toute la Pologne. Nicolas fit aussitôt d'immenses préparatifs de guerre et envoya des ordres à son armée polonaise pour une entrée immédiate en campagne. Ces ordres et le séjour à Berlin du vainqueur des Turcs, Diebitch, qui combinait déjà les plans de campagne contre la France, firent revivre dans le cœur de la nation polonaise tous les souvenirs glorieux conquis sur les mêmes champs de bataille. En vain les hommes d'État du pays, les plus illustres généraux, des patriotes éprouvés, représentaient tout le danger d'une insurrection en face des ar-

mées russes, qui s'ébranlaient déjà de toutes les
parties de l'Empire ; en vain conseillaient-ils d'attendre, de laisser la Russie s'engager dans une
lutte contre la France, pour tenter ensuite une
diversion en sa faveur, la Pologne n'eut que cette
pensée, briser les liens qui l'attachaient forcément
à son terrible ennemi et manifester hautement
toutes ses sympathies pour la France. Dans tous
les cas, marcher en avant-garde des Russes contre
la France semblait aux Polonais une trahison
envers la liberté, envers la civilisation dont ils
étaient les interprètes et les initiateurs aux yeux
des autres populations de race slave. Aussi les
sentiments de fraternité et les instincts généreux
triomphèrent d'un patriotisme trop craintif et firent
briller d'un éclat nouveau le caractère polonais, en
montrant une seconde fois, aux peuples étonnés, le
drapeau des nationalités relevé par des mains polonaises. Le dictateur que les Polonais se choi-
sirent, vieux soldat français, ne comprenait pas

l'élan du pays ni les sentiments qui l'animaient. Ce dictateur, lorsqu'il se vit acculé par les masses russes, sur les bords de la Vistule, n'ayant qu'un seul pont pour retraite, point de remparts pour arrêter l'ennemi, pas une forteresse pour rallier son armée, réunit ses généraux et, en leur montrant le champ de Grochow, il leur dit ces seuls mots qui peignent la situation désespérée des Polonais et leur héroïsme : « Il faut ici un large tombeau ; sauvons l'honneur national. »

Le gouvernement de Juillet, qui trouva la France désarmée, ayant une partie de ses forces de terre et de mer occupées en Algérie, ses places fortes dégarnies, ses arsenaux et ses magasins vides, ne fut pas en état de secourir la Pologne ; mais il se hâta d'intervenir diplomatiquement et légitima son insurrection. Il ouvrit aux débris de l'armée polonaise les portes de la France, et le peuple, plus généreux encore que le gouvernement, les accueillit en héros et les traita en frères. Les Chambres protestèrent en faveur de la nationalité polonaise et grâce à la bienveillance du pouvoir, les réfugiés polonais purent servir dans les rangs de l'armée française en Algérie et dans les diverses branches de l'administration. Le plus grand nombre fut admis dans les écoles et les ateliers, où ils puisèrent des enseignements utiles et des moyens honorables d'existence, en conservant pour les jours meilleurs le feu sacré de la patrie.

Le premier Empire français a été jusqu'à ce jour le seul véritable protecteur et allié de la Pologne depuis son démembrement. Napoléon Ier rétablit en partie son existence politique et surtout il réhabilita sur le champ de bataille son caractère national. Le gouvernement de Juillet n'est pas intervenu directement en faveur de la Pologne, mais il lui a rendu de grands services et moralement il a maintenu son existence politique en constatant le droit de sa nationalité. Ce fut sous ce gouvernement, par l'intermédiaire de l'émigration, que les institutions, les lois, les sciences, les progrès matériels, les mœurs et les habitudes françaises pénétrèrent et se répandirent le plus dans le pays, malgré tous les efforts de Nicolas pour extirper les souvenirs et les principes qui rattachent la Pologne à la France. Cette propagande libérale et pacifique ne se bornait pas à la Pologne, elle gagnait les autres peuples qui étaient unis avec elle par la communauté de race et les anciens rapports d'amitié et d'alliance. Les Slaves, les Hongrois, les Croates, les Serbes, les Roumains, etc., qui fournissaient le plus de soldats aux armées coalisées contre la France, annonçaient un ferme désir d'imiter et de s'assimiler les lois et les réformes politiques et sociales françaises.

La création d'une chaire de littérature slave au collége de France, confiée à un des plus illustres poëtes polonais, Mickiewicz, a beaucoup contribué à opérer des rapprochements et des relations sympathiques entre la France et les populations de la race slave. En donnant à ces peuples une tribune à Paris, foyer de lumière et de liberté, c'était les appeler à se reconnaître, à s'éclairer sur les droits des diverses nationalités qui les composent et à manifester des tendances plus conformes à leurs intérêts réciproques et à l'esprit du siècle (1).

Cependant, tous les gouvernements qui se sont succédé en France n'ont pas été également favorables et bienveillants envers la Pologne. Chose digne de remarque, les derniers temps de la monarchie, l'époque de la Terreur et la République de 1848 correspondent aux phases les plus malheureuses de la nation polonaise. Ainsi, sous le règne de Louis XV et sous celui de son successeur, comme pendant la Restauration, la Pologne a été abandonnée à toutes les vicissitudes de l'oppression de ses voisins, sans aucune intervention de la France, qui

(1) Voir la note 2.

semblait même vouloir lui faire comprendre qu'elle devait se résigner à sa triste destinée. La Convention ne témoigna pas plus de sympathie aux Polonais que la République de 1848. Cette dernière, au surplus, pendant qu'elle cherchait à nouer des négociations avec les ennemis de la Pologne, se débarrassait des émigrés en les poussant et en les aidant à retourner dans leur patrie, dont les frontières étaient gardées par des masses ennemies. Ces malheureux, avides de revoir le sol natal, furent victimes de leur amour pour la patrie. Ils remplirent les prisons d'Allemagne et jonchèrent de leurs cadavres les chemins et les déserts de Sibérie.

Le rétablissement de l'Empire français a éveillé les anciens souvenirs et les sympathies pour la France dans toutes les provinces polonaises. Les Polonais, il faut bien le dire, sont persuadés que la résurrection et l'avenir de leur patrie sont intimement liés à la grandeur et à l'influence de la

France en Europe. Aussi la guerre d'Orient a trouvé les Polonais disposés à seconder de tous leurs efforts les armées alliées ; mais ils attendaient un mot d'ordre, un signal quelconque pour agir. La guerre a commencé loin de l'ancien territoire de la Pologne, elle s'est engagée peu à peu, et, au moment où elle prenait tout son essor, la paix est venue arrêter le bras vengeur de la France qui allait frapper au cœur la puissance moscovite. La France, du reste, a employé tous les moyens de persuasion pour faire connaître aux Polonais que leur intervention dans cette guerre, leur soulèvement général ou partiel, serait nuisible aux opérations militaires des armées alliées, en paralysant les bonnes intentions de l'Autriche, qu'on espérait alors décider à faire cause commune contre la Russie.

La Pologne obéit et comprima son ardeur patriotique, car rien n'est plus opposé à l'esprit de ce pays que de contrarier sciemment, et d'une manière quelconque, les intérêts de la France en Orient comme en Occident. Cependant la Pologne préparait en silence une explosion générale pour le cas où une armée française aurait fait un débarquement sur les côtes de la Baltique, ou qu'un corps de troupes alliées se fût avancé vers les provinces du midi, par la Moldo-Valachie. Cette attitude de la Pologne a été comprise par le gouvernement russe, et il est à présumer qu'elle n'a pas été étrangère à l'empressement avec lequel l'empereur Alexandre II accepta l'ultimatum de la France et de l'Angleterre. Néanmoins, un grand nombre de Polonais, sous le titre d'interprètes, de guides, d'éclaireurs, ont suivi sur les flottes, dans les armées de terre, toutes les phases de cette lutte gigantesque. Une position particulière, une mission que je remplissais au quartier général de l'armée française, m'a permis d'apprécier journellement, comme témoin oculaire, les sentiments qui animaient tous les Polonais que leur malheureuse étoile obligeait de servir dans les rangs de l'armée russe. Quelques extraits des Mémoires que j'ai écrits sous les remparts de Sébastopol prouveront que les Polonais, à cette époque, ne songeaient qu'à fraterniser et s'unir avec la France (1).

La guerre d'Orient a eu des conséquences plus grandes qu'on ne se l'imagine ; elle a commencé l'époque de décadence de la Russie. Après l'insurrection de 1830, Nicolas, pour soutenir le prestige et l'influence de la Russie, augmenta démesurément l'armée déjà hors de proportion avec les ressources du pays. Il réussit à lui donner encore un vernis trompeur qui en imposa à l'Europe et au Czar lui-même, mais mina dans ses fondements l'Etat et la société.

La dernière guerre, qui n'atteignait cependant lé territoire russe que sur un point isolé, mit au

(1) Voir la note 3.

bout de quelques mois ce vaste empire au bord du précipice. La nation en fut profondément humiliée. Parmi les Russes, plusieurs hommes d'État et écrivains éminents dénoncèrent à l'opinion publique de l'Europe les vices de ce monstrueux gouvernement qui, pour continuer à s'ingérer dans les affaires des autres États européens, livrait le pays à l'influence des coteries allemandes, en sacrifiant à leur politique ambitieuse les véritables intérêts nationaux. Ils demandaient que le czarisme se modifiât lui-même, consultât le pays en convoquant des assemblées délibérantes, rendît la justice indépendante et plus conforme à l'esprit du siècle, et commençât par réorganiser son administration corrompue et corruptrice.

Les Polonais, voyant la Russie à la veille d'une anarchie qui menaçait toutes les provinces comme toutes les classes de la société, animés du plus noble patriotisme, ont voulu chercher le remède à des maux présents et à un triste avenir, dans le développement des principes de 89. Ils se sont mis courageusement à l'œuvre et ont commencé par demander l'abolition du servage, ce fléau moscovite qui s'était surtout développé depuis le démembrement de la Pologne. En effet, Catherine II, pour s'attacher la classe nombreuse et influente des nobles polonais, les gratifia, avec une perfide générosité, de tous les priviléges dont les boyards russes ont joui sous la longue et avilissante domination des Tartares.

La Lithuanie a pris l'initiative de cette grande réforme. La noblesse, qui possède de vastes domaines dans cette province, a demandé elle-même au Czar l'autorisation d'abolir le servage. L'ancien royaume de Pologne, où cette plaie n'existait plus, mais où était maintenu un système d'exploitation rurale par corvée, a voulu donner l'impulsion à tout le pays en organisant une Société agricole composée de l'élite des citoyens. Cette Société a pris pour tâche, en sacrifiant ses intérêts, d'amener une conciliation entre la classe des propriétaires et celle des paysans, et de faire rentrer la Pologne dans le giron de la civilisation occidentale.

La Société agricole, qui comptait déjà plus de 4,000 membres, et dont les autres provinces polo-naises cherchaient à imiter l'organisation et les tendances, porta ombrage à la Russie, qui se hâta de briser violemment ce moyen de régénération morale. Le czarisme entreprit seul alors l'abolition de la servitude, mais il voulut agir dans la pléni-tude de son autocratie, sans autre intermédiaire que le soldat brutal et l'agent de police rapace et odieux. Cette résolution d'Alexandre II produisit une agitation générale dans tout l'Empire, qui re-doutait moins la mesure que les moyens employés à son exécution.

Les puissances allemandes qui cherchaient tou-jours par d'autres moyens que la Russie, mais dans l'intérêt d'une même politique, à s'assimiler les pro-vinces polonaises qui leur étaient tombées en par-

tage, excitèrent le Czar à user des plus grandes .
rigueurs pour étouffer avant tout l'élan national
qui se manifestait en Pologne et à ne pas reculer
même devant l horreur d'une guerre civile. La
France n'a rien compris aux réformes socialistes
si pompeusement annoncées par le Czar ; elle ignorait la situation de la Pologne qui n'avait aucun
moyen régulier de faire connaître ses droits et
ses souffrances ; le gouvernement français, dans
la crainte d'attirer de cruelles répressions, encou-
ragea même les Polonais à se fier aux promesses
du Czar et à accepter ses concessions qui n'avaient
d'autre but que de paralyser les tendances libérales, patriotiques et humanitaires de la Pologne.

Aussi, pour la première fois, les Polonais restèrent sourds aux conseils de la France qui, souvent victorieuse de la Russie sur les champs de
bataille, se laissa facilement abuser par sa diplomatie astucieuse. Alexandre 1er, dont on a tant
glorifié la générosité et le libéralisme, n'a-t-il pas

fomenté les sociétés secrètes en Allemagne et ne devint-il pas ensuite l'âme et le chef de la Sainte-Alliance qui unissait, en un seul faisceau contre la France, les trois Monarques spoliateurs de la Pologne? La longue expérience de l'oppression moscovite que les Polonais avaient acquise si chèrement, leur fit considérer les concessions du czarisme, comme ces mets fortement épicés qu'on présente aux inculpés en Russie pour exciter leur appétit. S'ils ont le malheur d'en goûter, on leur refuse à boire, jusqu'à ce que dévorés par la soif, ils se rendent à discrétion, font des aveux qui les conduisent en Sibérie, ou les rendent des instruments dociles entre les mains de leurs bourreaux.

Certes, Alexandre II n'a ni le caractère fougueux et féroce de son père, ni son esprit hautain et vindicatif; mais, comme lui, il est entiché de tous les préjugés de son pouvoir autocratique, fondé sur un système de conquête au dehors et d'oppression au dedans. Le czarisme craint autant en Pologne le sentiment de nationalité que les idées et les institutions françaises, et il fait sur le Niemen et la Vistule une guerre à outrance aux mêmes principes qu'il allait combattre, il y a cinquante ans, sur le Rhin et sur la Seine. La Pologne ne veut pas reconnaître pour bienfaiteur et régénérateur du pays, le czarisme qui a organisé et maintenu le servage dans l'intérêt de son omnipotence, qui a voulu prendre les aigles polonaises comme emblème de ses conquêtes en Occident, et qui saisit aujourd'hui l'arme à deux tranchants du socialisme pour opposer une classe à l'autre et les soumettre toutes à son despotisme asiatique.

Voilà pourquoi la Pologne, au bord de l'abîme, à la veille d'une épreuve nouvelle et la plus terrible de toutes, éperdue et éplorée, se couvre de deuil, court à ses autels et cherche à conjurer l'orage, à arrêter par des sacrifices volontaires, par une attitude résignée, cette guerre fratricide que le czarisme prépare dans l'intérêt de son omnipotence.

Les conventionnels qui commencent cette époque de terreur en Pologne ne sont pas des fanatiques exaspérés ou abrutis, sortis de la lie de la société, ce sont les généraux et officiers, la plupart Allemands, séides aveugles du czarisme, qui dirigent froidement les baïonnettes de leurs soldats barbares contre les patriotes polonais, sans armes, sans défense. Ce sont les dignes successeurs du féroce Souvaroff. Dieu veuille qu'ils ne renouvellent pas, en excitant perfidement les passions populaires, ces massacres horribles qui ont inondé déjà de sang l'Ukraine et la Gallicie, les plus belles et les plus riches provinces de la Pologne!

Démembrée, incorporée dans trois empires, mêlée à deux grandes races germanique et moscovite, la Pologne n'a ni gouvernement, ni armée, ni direction politique; mais elle a une force morale qui triomphera de tous les obstacles et lui assurera une place digne d'elle dans la famille européenne.

Nationalité, révolution de 89, voilà les deux bannières du peuple polonais, les deux principes dont il se fait le défenseur et le martyr !

La Pologne a un allié puissant dans l'opinion publique de tous les peuples civilisés. Sa cause n'est plus l'objet de quelques négociations diplomatiques, elle est la cause de l'ordre politique, de la morale et de la justice, et ne tardera pas à devenir une question européenne. Aucun traité, aucune alliance auxquels l'Angleterre et la France prendraient part ne peuvent se conclure en Europe sans qu'on ne s'occupe du rétablissement de la Pologne. Aussi, sent-elle sa puissance, elle prévoit son avenir, et voilà pourquoi elle s'agite, réclame et proteste. Elle se le doit à elle-même et aux peuples qui prétendent à l'indépendance nationale; elle prend résolûment sa place de soldat dans le rang des peuples opprimés. Elle unit sa cause à celle de l'Italie; elle se joint de tous ses vœux à la Hongrie et ne laissera plus désormais la Russie aller au secours de l'Autriche sans défendre les droits et la nationalité des peuples slaves.

De tous les temps, la Hongrie et la Pologne furent unies dans les mêmes sentiments et dans les mêmes intérêts de résistance à la barbarie musulmane et moscovite, ainsi qu'au germanisme qui cherchait à les rendre toutes les deux ses tributaires et ses vassales. Autrefois alliées par les contrats de famille de leurs anciens Rois, jouissant des mêmes libertés et institutions, la Hongrie et la Pologne ont conservé les relations les plus amicales et n'ont jamais été indifférentes à leurs destinées.

Pendant la guerre de la Hongrie contre l'Autriche, en 1849, une légion polonaise partagea le sort des armées hongroises, et toute la Pologne était prête à se soulever, lorsque l'empereur Nicolas se décida à aller éteindre, en Hongrie, le foyer insurrectionnel qui menaçait d'embraser ses propres États.

Depuis ce temps, la Pologne et la Hongrie ayant les mêmes griefs à venger, les mêmes intérêts à défendre, sont devenues l'espoir et l'avenir de la race slave. Une longue pratique des institutions constitutionnelles, leurs anciennes traditions de gloire, leurs malheurs, leur attachement aux principes de la civilisation occidentale, leur horreur de la domination germanique, toutes ces causes rendent les Hongrois et les Polonais chers aux autres Slaves, qui les considèrent comme les gardiens, les sentinelles des droits et des libertés des peuples de leur race.

La Pologne surtout, qui est la plus illustre, la plus forte et la plus vivace nationalité slave, quoique opprimée et tyrannisée par ses trois spoliateurs, est devenue le foyer ardent de tout mouvement libéral, comme de tout progrès intellectuel et moral des populations slaves. Un jour elle sera peut-être, par rapport aux peuples de sa race, ce qu'est la France à l'égard des nations de la race latine. Varsovie donne déjà l'impulsion à tous les Slaves. Ses moindres actes, ses mouvements insurrectionnels se répètent aussitôt, non-seulement à Vilna, à Kief, à Posen, à Lemberg, mais jusqu'à Pétersbourg et Moscou.

Pour mieux faire connaître et apprécier l'état des choses au nord et à l'est de l'Europe, où il existe, en ce moment, chez tous les peuples de la race slave une agitation et un réveil de nationalités et de liberté, nous allons exposer quelques données générales sur l'esprit et les tendances de ces populations et sur le véritable caractère du czarisme et du germanisme.

CHAPITRE II.

LES SLAVES DU NORD ET DE L'EST DE L'EUROPE

Il y a des époques dans l'histoire et dans l'existence des peuples, qui marquent mieux leur génie
et leurs destinées que les traditions populaires
ou les désignations arbitraires des conquérants et
fondateurs d'empires. Ainsi le nom de Russie,
donné au vaste pays qui occupe la moitié de l'Europe

et un tiers de l'Asie, appartiendrait beaucoup plus aux provinces russo-polonaises qu'au territoire moscovite. En effet, lorsque les grands princes de Moscou ont pris le titre de Czars, et plus tard d'*Empereurs de toutes les Russies,* ils n'exerçaient encore leur domination que sur la Russie centrale, dite Russie noire, tandis que les Polonais possédaient la Russie rouge, la Russie blanche et la petite Russie. La Russie rouge ne fait pas partie de l'empire actuel de Russie, qui en a toujours convoité la possession; l'Autriche s'en étant emparée lors du premier partage de la Pologne, tient à la conserver, et lui a donné le nom de Gallicie.

Le vaste empire moscovite, aujourd'hui empire de Russie, comprend deux nations, deux peuples entièrement distincts par leurs traditions, leur caractère, leur esprit, et surtout par la marche qu'ils ont suivie dans la voie de progrès, de liberté et de civilisation. Une triste et fatale époque, en changeant les destinées des deux peuples, les a

placés dans des conditions tout à fait différentes et
a établi entre eux une ligne de démarcation qui
existe encore. Cette époque, c'est l'invasion des
Mongolo-Tatars, qui ne s'est arrêtée que devant
la vaillance et le dévouement des Polonais et des
Lithuaniens. Ces derniers restèrent dès lors à l'ex-
trême avant-garde de la civilisation européenne, dont
ils se sont faits les défenseurs et les propagateurs.
Pendant plus de deux siècles, les Tartares ont
versé dans la Russie moscovite la barbarie et tous
les vices de l'esclavage, en faisant plier et façon-
nant à leur terrible despotisme et les nobles et les
serfs.

Les grands-princes de Moscou ont donné les
premiers l'exemple de la plus humiliante soumission. Ils ont rivalisé entre eux de bassesse et de
perversité. Ils se faisaient dénonciateurs de leurs
propres parents pour capter la bienveillance des
khans tartares, qui les traitaient avec une cruauté
barbare et le dédain le plus outrageant. Les peuples,

frappés de stupeur par la justice expéditive des Tartares, réduits à la misère par les exactions et le pillage de leurs princes et des gouverneurs tartares, furent réduits à la servitude la plus absolue qui les transformait en troupeaux de bêtes de somme.

Aussi cette partie de l'empire russe, au delà de Kief, porte encore l'empreinte de la domination tartare, et Napoléon Ier a pu dire avec raison : *Grattez un Russe, vous trouverez un Tartare.* En effet, les voyageurs qui parcourent aujourd'hui ces vastes espaces au centre de l'empire, qui se rendent à la célèbre foire de Nijni-Nowgorod, peuvent distinguer dans la physionomie de ces populations les traits caractéristiques de la race mongole-tartare, dont les habitudes, les mœurs sont encore tout à fait asiatiques. La masse de la population est douce, laborieuse et n'a aucun instinct belliqueux. Qu'un officier, un employé quelconque du gouvernement, lève un bâton dans un groupe d'hommes en rébellion, les plus mutins se mettront à genoux et demanderont pardon, les mains jointes, en recevant sans murmure les plus barbares et les plus humiliantes punitions. Mais ces mêmes hommes sont des commerçants hardis, courageux et persévérants. Avec une patience et une résignation, dont aucune autre race d'hommes n'est capable, les paysans moscovites entreprennent des excursions lointaines à travers des déserts immenses, couverts de neige éternelle, ou des steppes desséchés par les chaleurs tropicales, pour trafiquer avec Khiva, Boukhara, la Perse et la Chine.

Il en est tout autrement dans la partie ouest de l'empire russe, en deçà de Kief, qui, depuis le Dniester et la Dwina, s'étend en vastes plaines vers la Vistule et l'Europe occidentale, et forme depuis plusieurs siècles le patrimoine des Polonais et des Lithuaniens.

Pendant que les princes moscovites se rendaient

à la grande hor de tartare, pour y intriguer et porter humblement leurs tributs, les souverains de la Pologne envoyaient des ambassadeurs en Allemagne, en France et en Italie. Les enfants des familles les plus puissantes étaient élevés dans les Universités de Bologne, de Pise, de Pavie et surtout de Padoue, dont un Polonais, dès le seizième siècle, a été recteur. Les nobles polonais s'alliaient avec les maisons régnantes et princières de France et d'Italie et rapportaient dans le pays les lois, les institutions, les mœurs, les habitudes des cours les plus civilisées et les plus policées de l'Europe.

La ville de Kief, cette mère de toutes les villes russes, peut être considérée comme le point de séparation entre les deux peuples, la Pologne et la Moscovie, entre les deux civilisations européennes et asiatiques. Cependant, bien que cette ville ait relevé plus longtemps de Moscou que de la Pologne, elle est aujourd'hui plus polonaise que moscovite. En effet, après les derniers événements qui ont eu lieu cette année à Varsovie, la jeunesse de Kief a fait des manifestations en faveur de la Pologne, qui ont attiré sur elle les persécutions du gouvernement impérial (1).

Aujourd'hui encore, sous des formes plus régulières et en apparence plus humaines, le système tartare fait la base du gouvernement, la force brutale prédomine partout.

Pour empêcher les idées et les institutions des États voisins de pénétrer dans le pays, l'Empereur Nicolas faisait entretenir sur les frontières occidentales les troupes les plus barbares et les plus vigilantes de l'empire et fermait hermétiquement tous les débouchés. Il semblait vouloir calfeutrer toutes les fissures par lesquelles pourraient pénétrer les idées et la civilisation occidentales. Cependant, le pays entier sequestré, surveillé, a fait, sous ce despotisme barbare, le plus de progrès dans la voie de

(1) Voir la note 4.

la civilisation européenne ; à aucune époque il ne s'était établi autant de sympathie entre les diverses populations de l'empire et les classes de la société. Le peuple polonais asservi et opprimé a été l'initiateur du peuple qui l'opprimait. Varsovie servit d'école d'idées libérales et de véritable métropole morale et civilisatrice pour les Moscovites. Les sentiments d'humanité, le caractère chevaleresque des Polonais, leurs idées générales de liberté et de progrès, leurs mœurs plus douces ont fait beaucoup de prosélytes parmi les Russes et leur ont assuré un ascendant moral qui grandira tous les jours au contact des lois et des institutions européennes dont ils sont les interprètes les plus intelligents. En effet, seuls dans tout l'empire, les Polonais ont pu préserver de la hache destructive de Nicolas le Code Napoléon, l'égalité civile, le système administratif, le contrôle financier et tous les principes de la révolution de 89, qu'ils ont rapportés de la France et introduits dans le pays pendant l'existence du duché de Varsovie et sous l'égide de l'armée nationale.

L'émancipation des paysans est l'œuvre des Polonais qui, les premiers, en ont hautement proclamé le principe et l'urgence. Dès 1832, des sociétés, la plupart occultes, se sont formées en Pologne et, en France, dans l'émigration, pour répandre dans le pays les idées d'émancipation et de liberté. Plusieurs ont payé de leur vie l'honneur d'avoir été les premiers apôtres de cette mesure dont le gouvernement a voulu ensuite tirer gloire et profit.

Quiconque a pu observer et étudier l'esprit, la discipline de l'armée russe, où se concentrent toute l'action et toute la force de la Russie, sait quel immense changement s'est opéré dans le caractère et le moral des troupes. Ce n'est plus le soldat de Souvaroff qui, expirant sous les murs d'Otchakow ou d'Ismaïl, croyait recevoir à Pétersbourg, des mains de la Czarine, sa récompense; ni le soldat de Munich qui, saisi de terreur à la vue de ses camarades enterrés vivants, marchait épuisé et affamé jusqu'à son dernier souffle sur la route de Constantinople. Ce sont encore les Polonais qui ont fait pénétrer plus de dignité et d'humanité dans ces bataillons formés de masses inertes et abruties. Nous en exceptons les Tartares, Cosaques, Cabardiens et ces régiments asiatiques que le gouvernement russe emploie en ce moment en Pologne pour étouffer le réveil de l'esprit national.

Les soldats de l'ancienne armée polonaise qui, en 1831, ont tenu en échec, pendant près d'une année, toutes les forces de la Russie, devinrent ensuite, dans les rangs de l'armée russe, les prosélytes et les martyrs de la civilisation. Tous ceux qui après la guerre n'ont pas été envoyés en Sibérie, ou n'ont pu gagner la terre hospitalière de la France, ont été incorporés dans les régiments russes et dispersés dans tout l'empire.

Ces nobles défenseurs d'une patrie vaincue et

malheureuse, lorsqu'ils se sont trouvés soumis à une discipline sauvage dont l'imagination des hommes de l'Occident ne saurait concevoir la cruauté et le raffinement, se résignèrent avec douleur, mais sans bassesse, à leur triste destinée. Leur attitude digne et résolue imposait souvent à leurs bourreaux et étonnait leurs camarades russes qui, avec une patience stupidement résignée, supportaient les traitements les plus avilissants.

Beaucoup d'entre eux expirèrent sous les verges en vrais martyrs, mais jamais ils ne s'humilièrent jusqu'à mendier la pitié ou le pardon de leurs bourreaux (1).

La noble résignation des soldats polonais a convaincu les Russes qu'il était impossible de traiter de la même manière un Tartare Mongol de Kazan, un serf de Penza, un petit-russien de Pultawa

(1) Voir la note 5.

aimant l'indépendance, ou un Polonais rempli de sentiments d'honneur et de dignité. La guerre d'Orient a fait mieux sentir encore tous les inconvénients d'une discipline aussi barbare, et les troupes russes si renommées autrefois pour leur abnégation, leur aveugle attachement à leurs chefs, se sont montrées insouciantes dans cette lutte, bien qu'on eût tant cherché à exciter leur fanatisme religieux et leur patriotisme.

On ne saurait nier que l'armée russe, dans la dernière guerre d'Orient, s'est montrée à Oltenitza, à Alma, à Eupatoria, à Traktir (1), bien dégénérée de celles qui avaient autrefois combattu en Turquie et en Europe.

Ce que les soldats polonais avaient fait dans les rangs de l'armée russe, les habitants de Varsovie, de Vilna, de Kief et des autres villes polonaises l'accomplissaient à l'égard des autres classes de la

(1) Voir note 6.

société. Ils répandaient tout autour d'eux, les principes de liberté et les idées de civilisation, de fraternité et de tolérance, qui sont aujourd'hui leurs armes les plus puissantes contre la barbarie moscovite.

L'ouvrier de Varsovie qui, la poitrine découverte, sans armes, se présente devant les baïonnettes russes et reçoit la mort sans se défendre, en protestant ainsi contre l'oppression et la violation de tous les droits, fait plus pour le triomphe de la loi, de la justice et de l'humanité, que s'il avait ourdi des complots ou fait partie d'une insurrection armée. C'est de cette manière que les Polonais remportent journellement une victoire morale sur les cruels dominateurs de leur pays, énervent leur force brutale et les obligent à recourir à des procédés plus en rapport avec l'esprit du siècle. Les Polonais sont ainsi les initiateurs, les réformateurs, les guides de leurs frères slaves dans la voie de progrès et de civilisation.

- Aussi on voit bien ces deux peuples russe-moscovite et polonais se tracer, chacun dans cette vaste étendue de territoires qu'ils occupent, leur sillon bien distinct, qui marque leur position réciproque vis à vis d'eux et en Europe.

Le sillon russe, sillon asiatique à mesure qu'il s'approche de l'Europe, s'amoindrit, se modifie dans les plaines de la Pologne, où il provoque le mépris et la haine des populations. Tout au contraire dans le sillon polonais, qui suit le courant opposé, les idées européennes prennent partout racine, jettent des ramifications de tous les côtés, et pénètrent dans les couches les plus infimes de la société. Rien n'a pu détruire les sentiments qui sont restés dans les entrailles du peuple. Le libéralisme apparent d'Alexandre Ier, la cruauté et l'énergie de Nicolas, la bonhomie indolente de l'empereur actuel, n'ont pu extirper ces sentiments. La Pologne reconstituée dans ses anciennes limites, entre la mer Baltique et la mer Noire, entre l'Oder

et le Dniester, est aussi indispensable pour la liberté, la civilisation et l'équilibre de l'Europe, que le
peuple russe-moscovite est nécessaire pour l'ordre
et la civilisation des vastes contrées de l'Asie qu'il
domine et vers lesquelles se porte son esprit patient
et aventurier, et son activité commerçante et indus-
trielle.

CHAPITRE III

●

DES SLAVES DU MIDI ET DU SUD-EST DE L'EUROPE

Les Slaves du midi et du sud-est n'ont jamais formé de grandes nations compactes et homogènes ; disséminés sur une immense étendue de territoires si variés par leur situation géographique, leur culture et leur richesse, ces peuples belliqueux et laborieux n'ont pu, comme les Polonais, résister à eux seuls aux Turcs qui les opprimaient, ni aux Allemands qui s'emparaient de toutes les branches du commerce et de l'industrie de leur pays.

Depuis la grande invasion de l'Europe par les peuples d'Asie, une race puissante, la race magyare, d'origine caucasienne, est venue s'établir dans les vastes plaines que domine le plateau de Transylvanie. Cette race vaillante se mêla aux indigènes, contribua à la défense du pays et maintint chez eux l'esprit belliqueux, l'amour de la patrie et de l'indépendance. Les peuples slaves les plus voisins, les Croates, les Esclavons, les Dalmates, les Serbes, s'étant joints aux Hongrois, formèrent un seul État, et combattirent avec eux pour la sûreté et l'indépendance commune. Le prestige et l'ascendant moral des Hongrois devint très-grand parmi tous les peuples de cette partie de l'Europe. Aujourd'hui encore un Serbe, un Bulgare, même un Roumain, lorsqu'il devient un homme de quelque importance, prend un costume hongrois comme une marque de distinction, un signe d'honneur.

La Hongrie et les peuples slaves, liés autrefois à l'empire d'Allemagne par des contrats de famille, des constitutions librement consenties, se montraient très-attachés à la maison d'Habsbourg ; ils furent ses auxiliaires les plus dévoués dans toutes les guerres contre la Turquie, et dans ses entreprises en Italie, en France et au centre de l'Europe. Mais, lorsque les Empereurs d'Allemagne, après le démembrement de la Pologne et les guerres désastreuses contre la France, abandonnant leur politique traditionnelle, se sont faits les complices de la Russie et de la Prusse, les peuples slaves commencèrent à se détacher de la maison d'Habsbourg, qui les sacrifiait à ses alliés du nord. L'Autriche ne songea désormais qu'à fusionner tous ses États en un seul, et, pour y arriver, déploya une grande énergie et une rare habileté. Elle organisa une bureaucratie centralisatrice et une armée puissante, qui ne tardèrent pas à devenir les arbitres des destinées de l'empire. Alors, avec une persévérance inflexible et une patience immuable, elle régla à chaque province, à chaque peuple, à chaque classe de la société, la somme de liberté, de lumières, de bien-être, qu'elle croyait devoir leur accorder.

La bureaucratie est devenue le premier corps de l'État, un État dans l'État, ayant ses prérogatives, sa hiérarchie, sa discipline. Choisis parmi les jeunes gens de la noblesse pauvre, ou de la bourgeoisie remuante et ambitieuse, les membres de la bureaucratie, appartenant tous aux familles allemandes ou germanisées, formaient une véritable franc-maçonnerie vouée au culte des principes monarchiques, sous le gouvernement unitaire, despotique de la maison d'Habsbourg.

La langue allemande, complétement inconnue des masses dans les quatre cinquièmes de l'empire, devint pour la bureaucratie un langage officiel et en quelque sorte privilégié. Disséminés dans les provinces, dont ils ne connaissent ni la langue ni les besoins, les bureaucrates autrichiens vivent isolés, exécutant aveuglément les ordres qui leur sont transmis. S'ils deviennent trop oppressifs et trop antipathiques dans une province, on les change de résidence ; mais leurs successeurs continuent d'agir dans le même esprit de camaraderie et d'hostilité systématique à tous les vœux du pays, à moins qu'ils ne soient favorables aux intérêts allemands. La bureaucratie, en un mot, est comme un fluide actif qui doit infiltrer partout l'élément germanique et l'obéissance passive.

L'armée est un second État dans l'État. Autrefois, elle seule jouissait en Europe d'une sorte de constitution militaire. Elle avait son code, ses règlements, et au sommet de l'armée un conseil aulique composé de toutes les illustrations militaires de l'empire. Ce conseil formait une véritable chambre haute, qui décidait sur toutes les affaires militaires et souvent influait plus sur le souverain qu'il ne dépendait de lui. Dans les temps de guerre, lorsqu'il s'agissait des décisions spontanées, des conceptions hardies, ou d'une action prompte et énergique, le conseil aulique comprimait parfois le génie des généraux et l'élan des troupes; mais il maintenait l'honneur du drapeau, veillait sur les droits de tous et créa cet admirable esprit de corps qui fit de l'armée autrichienne l'une des meilleures de l'Europe.

Aujourd'hui l'armée devenue un instrument aveugle entre les mains du souverain, livrée à une coterie qui tend à opérer dans ses rangs un amalgame des races dont les populations ont une si grande horreur, a perdu l'esprit de corps et l'amour de la patrie qui faisaient sa gloire et sa force. L'appât de l'avancement chez les officiers, la soif du butin chez les soldats, une discipline brutale pour tous, sont les seuls liens aujourd'hui de cette troupe hétérogène. Pour s'entendre entre eux, les officiers, sous-officiers et soldats, répartis dans les corps d'une nationalité si différente, ont été obligés d'adopter un langage particulier, un idiome composé d'allemand, de bohême, de hongrois, de slave, qui est le patois inintelligible et dont un bâton de caporal est en dernier lieu l'interprète le plus écouté.

C'est ainsi que la bureaucratie et l'armée, gardiens et tuteurs de l'empire, disposent de toutes ses ressources, et se montrent souvent plus autrichiennes, plus impérialistes que les empereurs eux-mêmes.

Après avoir vaincu, avec l'aide de la Russie, la révolution de 1848, le cabinet de Vienne, enivré de ses succès, a voulu opérer définitivement et complétement une fusion générale de tous ses peuples. Cette tentative n'a pas duré longtemps. La défaite des armées en Italie, le désordre financier, le mécontentement général qui se manifestait de toutes parts dans l'empire, ont forcé la bureau-

cratie, en désespoir de cause, à recourir aux institutions consitutionnelles qu'elle a tant haïes et
combattues. Aussi, pour conserver la suprématie
dans l'Etat qui lui échappe, affiche-t-elle les principes les plus démocratiques et même socialistes
qui ne trompent que ceux qui veulent être trompés.
Elle proclame l'unité de l'empire, mais elle veut que
cette unité s'opère sous l'influence et au profit de
l'élément germanique. Tous ses efforts tendent
surtout à vicier les rapports et les contrats sécu-
laires qui existent entre la maison d'Habsbourg et
les Etats appartenant à la couronne de Saint-
Etienne. Elle espère qu'en séparant les Magyares
des Slaves, les Slaves des Roumains, par la force
ou par la ruse, en s'aidant tantôt de la liberté
tantôt usant de violence, elle parviendrait à les
amener tous à Vienne, foyer de l'élément germanique et centre de la bureaucratie.

Le *Reichsrath*, cette assemblée hétérogène des
députés de l'empire, qui ne représente pas la moitié

de la monarchie, et dont plusieurs membres ne connaissent pas un mot d'allemand et ne savent même pas lire ni écrire dans leur propre idiome, le *Reichsrath* n'est qu'un expédient, dont se sert la bureaucratie, pour assurer dans le pays un triomphe légal à l'élément germanique.

Mais une telle comédie dans le siècle où nous vivons n'est ni morale ni politique. La liberté comme la vérité ne peuvent se couvrir longtemps de voiles, la raison et la conscience publique finissent par les déchirer, souvent avec violence et à la plus grande confusion des auteurs de pareils stratagèmes constitutionnels.

Les peuples slaves ont peut-être plus que les peuples de la race allemande ou latine l'amour de la liberté, mais ils veulent la développer chez eux en harmonie avec d'autres intérêts qui leur sont non moins chers. Ils veulent aussi l'émancipation de leurs frères de la même race, qui gémissent sous l'oppression musulmane et moscovite. Les guerres au centre et au midi de l'Europe qui peuvent intéresser les Etats allemands et flatter l'ambition de la maison d'Habsbourg, ne les touchent plus aussi vivement que lorsque cette maison les conduisait contre leurs oppresseurs d'Orient.

Les peuples slaves de la Turquie, les Serbes, les Bulgares, les habitants de la Roumélie, et jusqu'aux Moldo-Valaques et les Grecs, que la Russie, depuis plus d'un siècle, attire par toute sorte de sacrifices dans l'orbite de ses destinées, échappent déjà aujourd'hui à son action et à son influence. Les uns envoient des délégués à Rome pour reconnaître le Pape et se détacher pour toujours de l'église gréco-moscovite et de la suprématie russe ; les autres, sous les auspices des capitalistes et des ingénieurs français et anglais, forment des compagnies industrielles et commerçantes, qui les attachent par des intérêts et des rapports réciproques à l'Europe occidentale.

En vain des sommes considérables sont encore

envoyées tous les ans en Turquie, pour l'entretien des églises, des couvents, pour la corruption du clergé ; en vain de nombreux missionnaires russes parcourent ces contrées, l'état des esprits est complétement changé. Partout le courant d'idées nouvelles, de progrès matériels et moraux pénètre, se répand et imprime une vie active, intelligente à toutes ces populations ; c'est au parcours incessant des bateaux à vapeur, qui peuvent aujourd'hui librement naviguer sur le Danube, c'est aux chemins de fer, qui commencent à sillonner ces pays et dépassent déjà Belgrade, que ce résultat doit être principalement attribué. C'est pourquoi, en ce moment, si par miracle le Czar de Russie pouvait ressusciter de leurs tombeaux les millions de soldats dont la route de Byzance est semée ; si un autre Nicolas pouvait en former une seule armée et, se mettant lui-même à leur tête, marchait à la conquête de l'Orient, il ne pourrait plus arriver sur les rives du Bosphore, où, cependant, grâce à sa politique astucieuse, il était parvenu à planter ses étendards et à faire jeter l'ancre à ses flottes. Une autre force, une autre puissance, a entrepris la conquête de l'Orient, et lorsqu'un chemin de fer reliera Belgrade à Constantinople, la civilisation occidentale en prendra possession et y établira un ordre de choses contre lequel ne pourraient plus rien l'autocratie des Czars de Russie et les éléments de conquête asiatique dont ils disposent. Constantinople deviendrait, en Orient, un poste avancé, une ville neutre de la race slave, comme Hambourg ou Lubeck le sont pour la race allemande.

La Hongrie, qui est l'espoir et l'avenir des peuples slaves de cette partie de l'Europe, manquerait à la mission que lui donnent sa position géographique et le génie de son peuple, si elle se laissait absorber par l'élément germanique, et devenait l'appendice d'un empire dont le cabinet de Saint-Pétersbourg et celui de Berlin dirigent la politique.

Aussi la nationalité et l'autonomie des Hongrois et des Slaves du midi appartiennent-elles au droit public de l'Europe et sont nécessaires, comme l'indépendance de la Pologne, à l'équilibre européen.

CHAPITRE IV

LE CZARISME

Le czarisme est d'une origine asiatique, et heureusement il n'a jamais pu être imité dans aucun État européen, quel que fût le despotisme, ou même la tyrannie de ses souverains.

Introduit, appliqué et développé sous la domination tartare par les grands-princes de Moscou, le czarisme est le plus funeste héritage laissé par les Khans tartares aux Czars de Russie.

Les Attila, les Gengis-Khan, comme des ouragans, détruisaient tout sur leur passage ; mais souvent les peuples, après leur disparition, se relevaient plus puissants et reprenaient avec une nouvelle énergie le cours de leurs destinées. Le czarisme, partout où il étendait sa domination, apportait l'esclavage et la servitude, qui énervaient et dégradaient les populations. Les princes moscovites procédaient avec une lenteur systématique, une prudence calculée et une profonde dissimulation pour arriver à leur but, sans aucun scrupule des moyens, sans aucun respect des principes ni des droits acquis. Humbles et soumis devant les chefs tartares, leurs oppresseurs, ils se redressaient arrogants et perfides vis-à-vis d'autres princes leurs alliés ou leurs tributaires. Ils disposaient de leurs trônes pour qui bon leur semblait, et obligeaient leurs sujets à leur rendre le culte divin, en déclarant qu'ils étaient les maîtres de leur vie et de leurs propriétés.

Lorsqu'au xiv° siècle partout en Europe, la monarchie en lutte avec la féodalité, cherchait à protéger les villes et favorisait leurs libertés et le développement de leurs prospérités, les Czars de Moscou ne tendaient qu'à détruire les villes qui étaient parvenues à acquérir par leur commerce ou leur industrie une importance dont leur autocratie prenait ombrage. C'est ainsi que plusieurs villes qui avaient étendu leurs relations jusqu'en Allemagne ont été détruites et leurs habitants dispersés. Nowgorod, qui n'est aujourd'hui qu'une ville de second ordre, avait déjà à cette époque plus de 400,000 habitants et pouvait mettre 50,000 hommes sur le pied de guerre.

A l'avénement au trône de la famille Romanoff, on espérait que le czarisme perdrait son caractère asiatique et se modifierait dans le sens des institutions des puissances européennes. En effet, le fondateur de la dynastie, Michel Romanoff, appelé au trône par les trois classes réunies, la noblesse, la bourgeoisie et le peuple, jura de gouverner l'empire d'après des principes constitutionnels contenus dans cette simple formule : *Les notables ont délibéré, le Czar a ordonné* (Boiary prigoworyli, Czar prikazal). Mais ce droit de la nation, violé aussitôt qu'établi, est resté une lettre morte.

Pierre Ier donna au czarisme les éléments de force européenne sans admettre aucune limite à son autorité. Il y ajouta même la hiérarchie et la discipline militaire, basée sur une obéissance aveugle et passive. Les princes de Holstein-Gothorp, appelés au trône par l'extinction de la ligne masculine des Romanoff, sont devenus aussi absolus et aussi tyrans que leurs prédécesseurs, tant le pouvoir despotique exerce de séductions et cause une sorte de vertige sur l'esprit de ceux qui en sont revêtus. Les princes de Holstein, qui passaient pour les plus éclairés princes d'Allemagne, dont aujourd'hui encore la branche aînée expie dans l'exil les tendances libérales, ont signalé leurs règnes en Russie par les plus extravagants abus de pouvoir et les excentricités les plus révoltantes. On connaît les folies absolutistes de Pierre III et de Paul, qui ont inondé le pays de sang et peuplé la Sibérie de millions de victimes. Catherine et Alexandre Ier, son petit-fils, tout en imitant de l'ancienne cour de France l'étiquette, les cérémonies et les habitudes, conservaient la plénitude de leur pouvoir autocratique ; aussi on disait avec raison qu'ils n'ont fait que donner à la barbarie les armes de la civilisation.

Le czarisme a atteint son apogée sous le règne de Nicolas. Ce dernier a renchéri sur ses prédécesseurs, et pour rendre plus terrible, plus expéditif ce despotisme omnipotent, il créa un pouvoir occulte qui tenait dans une alerte continuelle toutes les classes de la société, et pouvait frapper indistinctement le seigneur le plus puissant comme le dernier serf. Ce pouvoir monstrueux, c'était la police secrète organisée, formant un ministère spécial, dont la direction était ordinairement confiée aux hommes qui jouissaient de l'intimité du souverain. Le ministre de police, véritable inquisiteur général, avait sous ses ordres le corps de gendarmerie, pouvait requérir les troupes actives dans toute l'étendue de l'empire, et ne rendait compte de ses actes qu'à l'Empereur seul, dont, tour à tour, flattant les passions et effrayant l'imagination, il dirigeait la conscience. Tout individu dans l'empire, quels que fussent son âge, sa position, son rang, sa fortune, pouvait être dénoncé, arrêté, jugé, condamné, fustigé, martyrisé, exécuté en dehors de toute justice du pays, et à l'insu de sa propre famille !

Le czarisme aujourd'hui existe encore dans toute sa force primitive : les Empereurs de Russie sont, à Saint-Pétersbourg, comme les Sultans à Constantinople, à la fois pontifes, chefs militaires et juges suprêmes de tous les peuples soumis à leur sceptre. Ils disposent à leur gré, selon leurs volontés, leur caprice, de toutes les forces vitales de l'Etat ; ils sont seuls législateurs et seuls administrateurs. Ils établissent les impôts arbitrairement, frappent le pays de réquisitions, de corvées, de monopoles ; ils sont même les seuls cabaretiers de cet empire, où règnent souverainement l'ivrognerie et la fraude.

L'Empereur Alexandre II semble montrer de la mansuétude, de la tolérance et du penchant pour des réformes libérales ; mais ces qualités ne tiennent qu'à son caractère personnel, aux nécessités de la politique du moment, et ne changent en rien le principe de son gouvernement. Le czarisme se fait jour à travers ses intentions civilisatrices, hautement manifestées. La Pologne en a été l'exemple tout récent. Forte de son droit, elle a osé réclamer les institutions qui lui ont été garanties par des traités solennels, et elle a été victime d'une répression sauvage et cruelle.

La réforme du czarisme, c'est-à-dire de l'autocratie des empereurs de Russie, serait la première de toutes qu'il faudrait opérer, pour arriver à quelque résultat réel dans l'état politique et social de la Russie.

L'émancipation des serfs, ce grand événement qui préoccupe les hommes politiques et les écono-. mistes en Europe, est en effet une mesure de la plus grande importance au point de vue de la civilisation et de l'humanité, et peut exercer une immense influence sur les destinées de l'empire russe, dont le czarisme et le servage sont les deux principaux éléments de force et de puissance.

En effet, en proclamant l'émancipation des serfs, Alexandre II a inauguré une véritable révolution sociale ; mais pourra-t-il éviter la révolution politique, et est-il également disposé à changer son système de gouvernement, première source et origine du servage? Cette émancipation tardive, faite dans un moment de crise politique, financière et sociale du pays, cause une agitation et un mécontentement général dans toutes les classes de la société. Les propriétaires demandent des indemnités pour la liberté de leurs serfs qui, employés comme domestiques, ouvriers, fabricants, etc., faisaient leur richesse et souvent leur seul moyen d'existence ; ils réclament, en outre, la libre disposition des terres. Mais ces terres, depuis des siècles, sont administrées par la commune, qui les possède de fait, et les distribue sans contrôle, entre tous les cultivateurs.

Les serfs, qui jamais n'ont protesté contre les actes les plus arbitraires commis sur leurs personnes, ne veulent accepter aucun arrangement, et faire aucune restitution des terres qu'ils tiennent de la commune. Ils répondent invariablement à toutes les ordonnances et à tous les règlements du gouvernement : « *Nous appartenons aux seigneurs, mais la terre nous appartient.* » Aussi, le premier résultat de cette émancipation a amené déjà de sanglants conflits.

Des milliers de serfs ont été massacrés, marty-risés, transportés en Sibérie, sans qu'on ait pu changer les dispositions des masses, plus que ja-mais convaincues que la terre leur appartient, et que la commune seule a le droit d'en disposer.

Le droit de propriété, tel qu'on l'entend en Eu-rope, n'existe nulle part en Russie ; l'autocrate, se mettant au-dessus de la loi, agit selon ses intérêts du moment, ses passions ou ses caprices ; il sé-questre, confisque les propriétés de ses sujets se-lon son bon plaisir. Il les garde pour lui, les distribue aux membres de sa famille ou à ses serviteurs. La commune, à son exemple, dispose arbitrairement de toutes les propriétés comprises dans le ressort de sa gestion. Responsable des im-pôts et des redevances exigées par l'État et les sei-gneurs, elle fait le partage des terres tous les trois, quatre, ou souvent tous les dix ans, selon les localités, de manière qu'aucun homme ni aucune famille ne sont sûrs de posséder et de transmettre à leurs héritiers la moindre portion de terre. L'émancipation ne change rien au droit de la propriété, le droit sera toujours à la merci de l'autorité communale qui pourra toujours donner ou ôter les terres aux paysans, à son gré ; seulement cette autorité, aujourd'hui élective et dépendante des seigneurs, pourra bien à l'avenir émaner directement du czarisme et devenir l'instrument aveugle et soumis de son pouvoir autocratique.

Une classe nombreuse de propriétaires sans serfs et sans terre va réclamer de l'État des compensations proportionnées à ses sacrifices, ses aptitudes et ses prétentions. Comment le czarisme saura-t-il satisfaire cette masse de nobles, prolétaires avides, ambitieux et turbulents ? Les cadres de l'armée regorgent déjà d'officiers sans emploi ; l'industrie est dans l'enfance et entre les mains des étrangers ; point de professions libérales, aucun espoir de conquêtes au dehors. Par quels moyens le czarisme pourra-t-il aussi métamorphoser tous ces phalanstères communistes, en fabriques, usines, ou fermes productives, lorsque ceux qui en sont les possesseurs de droit, n'ont ni capitaux, ni bâtiments d'exploitation, ni hommes, ni bestiaux pour les cultiver?

Voilà des problèmes que le czarisme aura à résoudre dans un avenir peu éloigné, et qui donneront à l'Europe la mesure du système politique et social, qui régit cet immense empire.

Les puissances occidentales qui, avec une dédaigneuse et coupable indifférence, laissaient s'implanter en Europe la politique asiatique des Czars, seront bientôt peut-être édifiées sur les conséquences fâcheuses pour leurs populations de ce gouvernement qui, sous des apparences d'ordre et de conservation, cache les principes les plus subversifs de tout principe social, comme de toute organisation politique.

La Pologne à l'apogée de sa puissance, comme au fond de l'abîme où l'ont précipitée la perfidie moscovite et la trahison allemande, est restée toujours ennemie implacable du czarisme, basé sur le servage, triste produit du système asiatique sorti de l'abjecte domination des Tartares. Elle a commis, il est vrai, des fautes politiques ; mais jamais elle ne portait atteinte aux droits internationaux de ses voisins, ni à la sainteté des traités. Elle avait des oligarques oppresseurs, des propriétaires avides et injustes ; mais jamais l'esclavage ni le communisme servile, n'ont été introduits dans ses Etats. Son démembrement a été une iniquité sans précédent dans les fastes de l'histoire ; sa reconstitution est une nécessité aussi indispensable à l'équilibre européen qu'au maintien des véritables principes d'ordre social.

CHAPITRE V

LE GERMANISME

Le germanisme est l'adversaire le plus perfide et le plus dangereux de la race slave. Depuis des siècles, sous toutes les formes, pendant la guerre et pendant la paix, au milieu des révolutions et des soulèvements de peuples, le germanisme, se servant tour à tour du despotisme des souverains et des tendances libérales des populations, est parvenu à dominer et même à germaniser plusieurs États, contrées et villes slaves. Tous les moyens lui sont bons pour y arriver. Le commerce, l'industrie, la colonisation, tous les principes de gouvernement, tous les ressorts de la diplomatie la plus cauteleuse et la plus perfidement raffinée ont été et sont encore aujourd'hui mis en usage pour exploiter et gouverner les peuples slaves.

Dans l'origine, les Etats et les villes allemandes, en déversant le trop plein de leurs populations dans les pays slaves, faisaient germer au milieu d'elles les premières notions d'ordre, d'économie et d'industrie. Les gens de guerre, les commerçants, les ouvriers habiles, les pionniers hardis, les aventuriers de toute condition trouvaient dans les pays slaves limitrophes un sol fertile, un peuple hospitalier, laborieux et docile. Ils les instruisaient, adoucissant leurs mœurs ; mais ne se mêlaient jamais à la population qu'ils traitaient avec arrogance et sans la moindre sympathie.

Les Allemands formaient partout, dans les villes comme dans les campagnes, une société dans la société, en conservant leurs mœurs, leurs habitudes et leur caractère particulier. C'est ainsi que se sont organisées au sein des pays slaves et notamment en Bohême, Moravie, Silésie, Posen, etc., etc.; des castes, des coteries, des familles puissantes, des colonies nombreuses qui entretiennent entre les deux races, habitant le même pays, quelquefois la même ville ou le même village, une animosité traditionnelle qu'aucun changement politique ni bouleversement social n'ont pu faire disparaître.

Deux ordres militaires allemands, l'ordre Teutonique et l'ordre des Chevaliers porte-glaives, tous les deux sortis des croisades, s'étant emparés des pays riverains de la Baltique, ont exercé une immense influence sur les destinées des peuples slaves du nord et de l'est de l'Europe.

L'ordre des Chevaliers teutoniques ayant embrassé le protestantisme et pris possession de la Prusse, devint un État essentiellement germanique et entama une lutte acharnée contre les populations de la race slave.

Les Polonais lui ont opposé une résistance vigoureuse et lui ont voué une haine implacable, surtout depuis l'époque où la Prusse se fit, la première de tous les États européens, complice du système politique des czars en Europe, et leur suggéra l'idée du partage de la Pologne. Ce partage, qui donna à la Prusse les provinces les plus commerçantes, les plus industrieuses de la Pologne, a augmenté enfin l'influence du germanisme sur les peuples de la race slave. Dès lors les cabinets de Saint-Pétersbourg et de Berlin ont agi toujours ensemble à l'égard de la Pologne. Encouragée par la Russie, la Prusse mit une persévérance machiavélique à germaniser ses provinces polonaises, et alla jusqu'à vouloir extirper du sein du pays toutes les traditions nationales. Elle

fit changer les noms des villes, bourgs, hameaux,
afin que rien ne rappelât aux générations nouvelles la grandeur de leur patrie. La Prusse, au surplus, se déclarant partisan dévoué du czarisme,
favorisa son influence en Allemagne et approuva
sa politique et ses excès.

L'empire d'Allemagne, autrefois le Saint-Empire,
traita pendant longtemps avec justice et générosité
les États slaves sous sa dépendance et leur laissa
leurs lois, leur langue et leur religion. Au surplus, les Slaves, qui ont pour les Allemands une an-
tipathie innée, plus prononcée que celle qui
existait autrefois entre les Saxons et les Gaulois, ne
se donnèrent jamais à l'Allemagne, mais aux empereurs du Saint-Empire, et s'opposèrent toujours
à l'introduction de l'élément germanique dans leurs
pays.

Les provinces les plus rapprochées de Vienne,
comme la Moravie et la Bohême, sont les premières
sur lesquelles l'action de l'élément germanique s'est

fait sentir. Des familles allemandes s'y sont éta-
blies et, avec l'aide et l'appui de la cour de Vienne,
elles ont formé une aristocratie territoriale qui exer-
çait une suprématie civile et politique sur ces provinces slaves, les plus avancées vers l'occident de
l'Europe.

Un système tout contraire a été adopté à l'égard
de la Silésie et de la Gallicie, anciennes provinces
polonaises où une bureaucratie allemande fortement organisée a pris sous sa protection apparente
les intérêts des paysans et a poussé le zèle jusqu'à
les soulever contre leurs anciens seigneurs, chez
lesquels l'amour de la patrie et de l'indépendance
a survécu à tous les efforts du gouvernement.
Ailleurs, comme en Croatie et dans les provinces
limitrophes de l'empire ottoman, l'Autriche éta-
blissait des colonies militaires et un système d'administration relevant directement de Vienne.

C'est surtout à l'égard de la Hongrie, qui tenait
sous sa domination la majeure partie des Etats

slaves, que le germanisme a déployé toutes ses ruses et ses séductions. Les plus puissants parmi les Magyares ont été appelés à la cour, chargés de titres et d'honneurs, et employés dans la diplomatie, dans l'état-major de l'armée et dans les hautes sphères administratives. Protégé, encouragé, le germanisme se répandit dans le pays, surtout dans les villes, et devint l'âme du mouvement industriel et commercial. Il forma la classe intelligente et active et travailla aussitôt à semer la division entre les populations hongroise et slave qui jusqu'alors vivaient dans la meilleure harmonie.

Le cabinet de Vienne poussait, d'un côté, les Hongrois à forcer les Slaves à s'instruire dans la langue magyare, tandis que, d'un autre côté, il introduisait dans les enseignements supérieurs la langue allemande, qui devenait la langue officielle et gouvernementale. Les Allemands voulaient ainsi par degrés dénationaliser les populations slaves.

Mais cette métamorphose, qui devait être l'œuvre

du temps, fut brusquement interrompue après 1849 et donna la mesure du sentiment qui anime ces trois races, parmi lesquelles la race allemande reste et sera toujours isolée.

A cette époque, l'Autriche est parvenue à imposer à la Hongrie et aux États slaves son système de bureaucratie. La plupart des fonctionnaires furent Allemands; l'armée elle-même, tout en conservant son organisation, fut composée en grande partie d'officiers allemands. C'est contre cet état de choses que la Hongrie aujourd'hui tout entière oppose cette résistance passive contre laquelle tous les subterfuges d'une politique cauteleuse et d'une liberté trompeuse ne sauront prévaloir.

En Russie, le germanisme a eu une tout autre origine et a pris un tout autre caractère que chez les Slaves de l'ouest et du midi de l'Europe. L'ordre des Chevaliers porte-glaives s'étant séparé de l'ordre Teutonique, s'est établi au nord de la Baltique; mais, n'ayant pu former un État indépendant, il s'est mis sous la protection de la Pologne, à l'exception de quelques villes qui ont reconnu la domination de la Suède. Les guerres qu'alluma cet état de choses entre les deux puissances alors rivales, la Pologne et la Suède, tournèrent au profit de la Russie, qui s'est rendue maîtresse de tout le pays occupé par les chevaliers porte-glaives et l'incorpora dans ses États. Ces chevaliers fiers et belliqueux sont devenus les patriciens de l'empire de Russie, les maîtres du palais des Czars, et on sait que plusieurs d'entre eux ont tristement figuré dans les drames sanglants qui ont fait monter sur le trône Catherine II et son petit-fils Alexandre Ier. Le commandement des armées, les postes les plus élevés à la cour, dans la diplomatie et dans l'administration, sont héréditaires dans ces familles. Le germanisme, avec cet appui, prit une grande importance, et d'échelons en échelons descendit dans toutes les classes et toutes les catégories de fonctionnaires. C'est ainsi que les provinces riveraines de la Baltique, la Courlande, l'Esthonie, la Livonie, ont fourni au czarisme ses satellites les plus dévoués, ses défenseurs les plus décidés et ses plus fidèles partisans.

Les Russes, depuis longtemps jaloux de cette suprématie, n'ont cessé de manifester leur inimitié contre ces puissants intrus, adversaires nés et invétérés de l'élément slave. On ne leur épargnait point les quolibets et les humiliations, même à la cour, sous les yeux de l'empereur. Mais la haine des Russes s'épuisait en vains efforts contre une association puissante et qui liait tous les membres entre eux par des intérêts réciproques.

Les Allemands forment aujourd'hui encore en Russie comme une seule famille. Un cadet noble qui entre dans un régiment, un jeune étudiant sorti des écoles, sont certains, rien qu'en déclinant leurs noms, de trouver de puissants protecteurs dans leurs chefs allemands et de faire une prompte carrière à l'armée, comme dans toutes les branches de l'administration.

On raconte qu'un général russe qui avait su s'attirer une bienveillance toute particulière de la part de l'empereur Alexandre Ier, lorsque ce souverain lui demanda quelle récompense il désirait obtenir : « *Sire*, répondit-il, *je vous demande de me faire « Allemand.* »

C'est un trait de mœurs qui fait voir quel était l'état des esprits en Russie, il y a déjà près d'un demi-siècle.

Le germanisme s'étant fait, en Russie, l'instrument et l'introducteur des czars dans les affaires d'Europe, a beaucoup contribué à organiser, à propager ce système tartare de conquêtes et de spoliation. Aussi, dans toute l'étendue de l'empire; en Russie comme en Pologne, la haine du czarisme et du germanisme unissent dans le même sentiment tous ceux qui ont quelque notion de liberté, d'amour de la patrie et de dignité humaine.

Ce sont là, en Russie et en Pologne, les deux ennemis de tout progrès, et qui ont maintenu la politique du cabinet de Saint-Pétersbourg dans une
voie menaçante pour le repos et l'équilibre européen.

Les patriotes russes ont formé, à différentes
époques, des complots et des associations secrètes
ayant pour but le changement de la dynastie des
Romanoff devenue allemande par son alliance
avec la famille de Holstein-Gottorp. Plusieurs
czars ont même payé de leur vie la faute d'avoir
affiché trop ostensiblement leurs sentiments allemands.

Les Polonais n'ont point dans l'histoire cette tache
sanglante d'avoir attenté aux jours de leurs souverains. Aucun d'eux n'a jamais porté une main ven-
geresse sur un prince quelconque des trois familles de Romanoff, de Habsbourg et de Brandebourg, spoliatrices de leur pays et qui ont peuplé
la Sibérie et les prisons de tant de victimes inno-

centes. Les Polonais ont toujours agi au grand
jour; leurs révolutions, leurs conspirations ressem-
blent à leurs anciennes confédérations qui étaient
un moyen légal d'opposition contre les actes de
leur gouvernement national.

Aujourd'hui, hautement, en face de l'Europe, et
bravant leurs spoliateurs, ils protestent contre le
partage de leur pays, pleins de confiance que
le développement de la civilisation amènera la
résurrection de leur patrie. Aussi, se sont-ils faits
les apôtres et les partisans déclarés des libertés,
des institutions et de tous les progrès politiques et
moraux des États civilisés de l'Europe.

CHAPITRE VI

RECONSTITUTION DE L'EUROPE. RÉTABLISSEMENT DE LA POLOGNE

La transformation politique et sociale qui se prépare au nord et à l'orient de l'Europe ne pourra malheureusement s'accomplir sans soulèvements populaires, et peut-être sans des guerres longues et acharnées, à moins qu'un congrès européen ne mette promptement un terme à une situation qui tous les jours devient de plus en plus compliquée et périlleuse. L'époque actuelle a une surprenante analogie avec l'époque de la première révolution française, contemporaine du démembrement de la Pologne. Aujourd'hui comme alors, des principes et des droits nouveaux agitent les peuples et ébranlent jusque dans leurs fondements les trônes les plus anciens et le plus solidement assis.

La lutte recommence, mais elle aura désormais lieu entre le *droit divin* et la *révolution* unie au *principe de nationalité* (1); l'un et l'autre de ces deux principes reconnaissent le suffrage universel comme le fondement de tout ordre politique, comme le droit sacré et inaliénable de tous les peuples.

La sainte-alliance des souverains pourrait bien être remplacée par une sainte-alliance des nations, et les coalitions des monarques abso-

(1) Voir note 7.

lutistes par une union des Etats libres et indépendants. La France qui, lors de la première révolution, fut seule contre l'Europe entière, n'est plus
aujourd'hui que la mère-patrie de tous les peuples
qui adoptent les principes et les droits nouveaux.
Elle les propage et les règle selon les circonTances,
et n'intervient qu'au moment suprême et décisif, en
jetant son épée dans la balance. L'Italie, la Hongrie, la Pologne sont ses auxiliaires et attendent
son mot d'ordre.

La plus puissante et la plus dangereuse ennemie de la France libérale et de ses alliés est sans
nul doute l'Autriche, car elle est aujourd'hui encore l'appui et l'espoir des trônes absolutistes et
des castes privilégiées. L'empire d'Allemagne, dont
l'Autriche n'est qu'une héritière dégénérée, a eu
pendant longtemps les mêmes principes d'ordre
politique que la France. Jusqu'à l'époque de la
révolution de 89, quoique rivales et ennemies, ces
deux monarchies ont été toujours également les

protectrices de la religion catholique et des droits légitimes des souverains et des nations. Elles observaient religieusement les traités et les faisaient respecter en les considérant comme une émanation de la justice divine, le fondement de la morale publique, qui devaient être aussi sacrés pour les souverains, que la loi qui réprime le brigandage l'est pour les particuliers.

La première atteinte grave à la sainteté des traités a été faite par l'État le plus nouveau de la famille européenne, la Prusse, qui commit un acte de véritable brigandage en s'emparant en pleine paix de la Silésie, ce qui amena une longue guerre et causa le premier ébranlement du vieil édifice européen. Aussi aucune guerre ne fut plus nécessaire et mieux justifiée, aucune alliance plus politique que celle qui réunit, pendant la guerre de Sept ans, l'Autriche et la France contre la Prusse pour la forcer à se soumettre aux principes éternels de morale et de justice. Malheureusement leur cause ne triompha pas; le czarisme moscovite sauva l'État naissant de Frédéric et en fit son auxiliaire et son instrument en Europe.

L'Autriche, bien qu'elle ne soit qu'une mosaïque de nationalités, contient cependant des principes d'ordre, des éléments de force et d'organisation, qui pourraient toujours lui permettre de jouer un grand rôle dans le monde, si elle voulait comprendre sa situation et les véritables intérêts de ses peuples.

Il est incontestable que la domination de l'Autriche en Italie n'est plus possible. D'un autre côté, la fusion de la race slave avec la race germanique ne lui a jamais réussi. Aussi l'avenir de la maison de Habsbourg dépend de la résolution qu'elle va prendre à l'égard de l'Italie et de ses provinces slaves.

Deux aigles et deux bannières formaient autrefois l'emblème de la dignité impériale. Les empereurs d'Allemagne ont voulu avoir un seul étendard de leur monarchie et ont pris une seule aigle, mais ils lui ont donné deux têtes, l'une tournée vers l'orient, l'autre vers l'occident de l'Europe.

Pourquoi donc les descendants de Rodolphe de Habsbourg ne renonceraient-ils pas franchement et loyalement à leurs emblèmes équivoques, qui font trop voir leurs tendances vers le midi et l'occident de l'Europe? Ils ne peuvent plus espérer, de ce côté, ni de gloire pour leur maison, ni de succès pour leurs armées. Pourquoi, en saisissant d'une manière vigoureuse la bannière d'Orient, ne se tourneraient-ils pas vers les contrées aujourd'hui encore au pouvoir de la barbarie? C'est en Orient qu'ils pourraient fonder un grand Empire, dont ils ont posé déjà les premiers jalons, lorsque, aidés des Hongrois et des Polonais, ils refoulaient vers les confins de l'Europe les hordes musulmanes.

La maison de Habsbourg, qui est la plus ancienne et la plus illustre entre toutes les familles souveraines de l'Europe, possède, en ce moment, plusieurs princes jeunes, vaillants et intelligents, qui pourraient revendiquer un jour dans l'histoire une place digne de leurs ancêtres, s'ils voulaient sincèrement accepter les idées du siècle.

L'archiduc Maximilien tient parmi eux la première place, tant par son rang que par ses qualités personnelles. Allié à la famille de Belgique, qui est restée fidèlement attachée aux institutions constitutionnelles, il a toujours montré un esprit exempt de préjugés et des tendances libérales. Son caractère ferme et conciliant lui a valu l'estime des libéraux en Allemagne et des sympathies même en France et en Italie. Ce jeune prince, placé par son frère sur le trône de Hongrie, proclamé Empereur des Slaves ou Empereur d'Orient, remplirait la mission la plus grande et la plus civilisatrice des temps modernes ; il serait le libérateur et le réformateur de l'Orient.

Le rétablissement de la Pologne serait une des premières nécessités du nouvel empire. Débarrassés de l'oppression allemande, les Polonais se lèveraient en masse pour secouer le jour moscovite et deviendraient de puissants auxiliaires pour l'empire d'Orient. Alors, une race jeune, brave, industrieuse, ayant à sa tête un monarque issu de l'antique maison de Habsbourg, remplacerait cet empire ottoman décrépit, dont la domination dans ce pays le plus beau, le plus favorisé du monde, est une honte pour l'Europe et un malheur pour l'humanité. L'empire d'Orient, s'étendant depuis les Karpathes jusqu'à l'Archipel, baigné par l'Adriatique et la mer Noire, ces deux golfes de la Méditerranée, possédant une armée belliqueuse et de nombreux vaisseaux, serait aussi puissant que le Saint-Empire aux temps les plus glorieux de son existence. C'est au descendant de Rodolphe de

Habsbourg, le plus digne et le plus vaillant des guerriers allemands, qu'il appartient de remplacer le croissant par la croix latine sur le dôme de Sainte-Sophie.

Le système politique des empereurs d'Autriche, plus que les dissensions intérieures, arrête le développement et l'union fraternelle des peuples d'Allemagne. François-Joseph, en renonçant à l'Italie, en détachant ses provinces héréditaires de ses Etats slaves, deviendrait le chef le plus vénéré, le plus puissant de la Confédération germanique. Allié de la France et de l'Italie, il pourrait, en se proclamant Empereur constitutionnel de toute l'Allemagne, lui donner une organisation plus conforme aux intérêts de tous les États de la race germanique. Protecteur du nouvel empire d'Orient où régnerait la ligne cadette de sa maison, l'Empereur d'Allemagne exercerait une heureuse influence sur les destinées de toutes les populations chrétiennes soumises au joug musulman. La plupart des États allemands , la Bavière, le Wurtemberg, la Hesse, se groupe- raient immédiatement autour de la vieille ban- nière des Habsbourg, et entraîneraient dans leur sphère d'action les États du centre et du nord. La constitution actuelle de l'Autriche, qui soulève tant d'opposition chez les Hongrois et les Slaves, modifiée dans un sens plus pratique, serait ac- cueillie avec satisfaction par toute l'Allemagne. Les velléités démocratiques de Guillaume Ier et du duc de Saxe-Cobourg montrent trop visible- ment leur ambition égoïste pour inspirer de la confiance aux esprits éclairés.

La Russie présente, en ce moment, le phéno- mène rare dans l'histoire d'une décadence et d'une dissolution aussi complète, sous les apparences trompeuses d'une robuste vitalité.

Il y a huit ans à peine, la Russie menaçait la Turquie, dominait l'Allemagne, effrayait l'Au- triche, défiait la France et l'Angleterre et tenait un million de soldats sous les armes, prêts à être lancés sur l'Orient ou sur l'occident de l'Europe. Ses ressources immenses, ses populations disciplinées quoique abruties, sa politique habile et riche d'expédients, protégeait les souverains dont elle convoitait les États et encourageait les insurrections des peuples dont elle préparait la conquête et l'asservissement. Une seule campagne en Crimée a suffi pour montrer son impuissance et dévoiler les vices de son organisation politique et sociale. Aujourd'hui, l'anarchie administrative jette la perturbation dans toutes les classes ; l'armée diminuée de plus de moitié n'a plus l'esprit de corps ni la discipline qui faisaient sa force et son prestige ; ses finances en désordre sont livrées à l'incurie et à la dilapidation des employés ; son crédit perdu au dedans est nul au dehors ; enfin, la construction des lignes de chemins de fer qui devaient porter la vie et la prospérité dans cet immense empire, vient d'être abandonnée dans les provinces du centre et du midi, ce qui place la Russie plus loin de l'Europe que l'Afrique et l'Amérique.

La civilisation occidentale, plus encore que les forces armées de la France et de l'Angleterre, est la cause de cette effrayante décomposition de la Russie. La vapeur, qui a permis aux flottes alliées de devancer à Constantinople le pavillon russe, a porté la première à la puissance moscovite un coup terrible dont elle ne pourra peut-être jamais se relever.

Du reste, qu'aurait fait la Russie en Orient, si même la victoire avait couronné d'un plein succès ses entreprises? Elle aurait remplacé le fanatisme musulman par le fanatisme moins tolérant encore de l'Église gréco-schismatique, et le despotisme grossier et sauvage des Turcs par une oppression plus raffinee, mais aussi abrutissante et plus corruptrice.

Repoussée de Constantinople, la Russie voit journellement son autorité menacée à Varsovie,

et si elle ne change pas de politique et de tendances, si elle ne se hâte pas de rétablir la Pologne,
elle aura à combattre continuellement chez elle l'insurrection et la révolution, et sera impuissante à
rien entreprendre, même du côté de l'Orient et de
l'Asie.

Le czarisme et le parti allemand, qui tient le premier sous sa tutelle, envisagent la Pologne comme
leur plus grand ennemi, comme l'obstacle le plus
redoutable à leurs projets ambitieux. Ils craignent
surtout que le rétablissement de la Pologne, en
séparant la Russie de l'Europe, ne la réduise au
rôle de puissance asiatique ; c'est cette crainte mal
fondée qui fait que les Russes supportent avec tant
de résignation le czarisme et la domination allemande.

Cependant, à Pétersbourg comme à Moscou, on
commence à s'éclairer sur la véritable situation du
pays, et à voir qu'en opprimant la Pologne on tue

la civilisation occidentale, qui seule peut sauver la Russie d'une complète décadence.

Aussi, au lieu de rapprocher la Russie de l'Europe, c'est l'Asie qu'on avance vers l'Europe.

Alexandre Ier a voulu organiser la Pologne contre l'Europe, la Pologne a tourné ses armes contre lui pour ne pas servir d'instrument à la barbarie asjatique contre la civilisation. En effet, en ne recouvrant qu'une portion de leur territoire, les Polonais, avant tout, tendront toujours à se reconstituer, tandis que, si, mieux avisé, l'Empereur actuel leur rendait tout ce qui leur fut enlevé depuis le premier démembrement, la Russie trouverait parmi les Polonais d'immenses ressources pour sa réorganisation.

— A aucune époque la Russie n'avait eu autant besoin de se rallier la Pologne que dans la situation où elle va se trouver par suite de l'émancipation des serfs. Cette grande et nécessaire mesure vient mettre à nu la plaie béante de la Russie, le

communisme, dont l'Europe et les Russes eux-
mêmes ne soupçonnaient pas l'existence dans les
conditions où il vient de se manifester.

Le czarisme et le parti allemand sont moins que
jamais en état de combattre le communisme, aujourd'hui qu'il n'est plus renfermé dans les limites
restreintes des propriétés seigneuriales. Il n'y a
que la civilisation occidentale, les principes de la
Révolution de 89, et particulièrement le Code
Napoléon approprié au pays, qui peuvent lutter
dans ces milliers de phalanstères contre le communisme, qui dispose aussi arbitrairement des
terres que le Czar et la noblesse ont disposé jusqu'à présent de la personne de leurs serfs.

Les Polonais, qui se sont montrés toujours partisans décidés des idées nouvelles, propagateurs
ardents de la civilisation, en portant vers la Russie
l'exubérance de leur activité, leurs lumières et
l'expérience des lois et institutions des Etats occi-
dentaux de l'Europe, aideraient puissamment la

Russie à opérer dans son vaste empire des réformes politiques, sociales et morales, qui lui permettraient à son tour de porter la civilisation vers ces immenses contrées de l'Asie, qui attendent d'elle leur régénération.

Moscou, centre de force et de puissance de la Russie, redeviendrait la capitale de l'empire, et déjà des hommes d'Etat prévoyants pensent que les Czars devraient y transporter leur résidence. En effet, Moscou a plus de rapports directs avec Kiachta qu'avec Paris et Londres, et il serait plus facile à l'empereur Alexandre d'envahir toute la Chine que de faire bivouaquer les Cosaques sur les bords de la Seine. Les bassins du Volga et du Don deviendraient la base de l'empire, qui pourrait devenir plus vaste que l'ancien Empire mongolo-tartare. En s'avançant au sud de l'Altaï, du Caucase et de la mer Caspienne, la Russie pourrait rendre tributaires Khiva, Boukara, Kaboul, Kachemir, établir ses comptoirs jusque dans le golfe Persique et sur les rives de l'Indus, et jalonner dans tous les sens et dans toutes les directions ses futures entreprises. Le Céleste-Empire, surtout, auquel elle a pris déjà de vastes territoires, ouvrirait à son ambition et à son activité un champ inépuisable de richesses et de prospérité.

Chaque pas qu'elle ferait en Asie serait un progrès pour la civilisation, un bienfait pour l'humanité; tandis que ses entreprises en Europe, la vue seule de ses Cosaques, de ses Tartares, de ses Cabardiens mêlés aux soldats polonais, est un outrage à la raison publique, à la morale et à là dignité des souverains et des peuples civilisés de l'Europe.

On voit que si l'Autriche voulait opérer un divorce politique entre l'Allemagne et la Hongrie, la Russie rétablir la Pologne et introduire des réformes que les exigences de l'époque rendent nécessaires, ces deux monarchies pourraient encore conjurer l'orage qui les menace et sortir plus grandes et plus puissantes de la crise actuelle.

La Prusse se trouve dans une position exceptionnelle. Son origine est différente de tous les autres États européens. Elle sort d'une corporation religieuse et militaire qui fut le refuge des aventuriers et des enfants perdus des croisades. D'abord milice dévouée des papes, séide ensuite, la plus acharnée de la réforme, cette corporation dite des Chevaliers teutoniques, jetait des racines vers le nord et vers l'occident de l'Europe, en arrachant des lambeaux de territoire aux peuples qui l'appelaient à leur secours et aux souverains qui lui confiaient la défense de leurs pays. C'est ainsi que se forma cet État irrégulier et difforme qui servit d'échelle à la Russie pour monter vers l'Occident, et à la France pour descendre vers le Nord. A la merci de l'une et de l'autre, la Prusse ne se soutient que par une organisation

artificielle et par une politique perfide et subor-
donnée à celle de la Russie. La plus grande force
de la maison de Hohenzollern' consiste dans son
alliance intime avec la famille Romanoff, qui en
a fait le pivot de sa politique en Europe. Aussi,
à chaque difficulté, à chaque contestation qui
surgissait, on a vu Alexandre Ier et Nicolas
accourir de leur personne en Allemagne, pour
prêter par leurs conseils, et au besoin par leurs
armées, leur concours au cabinet de Berlin qui
devint leur instrument complaisant et leur satel-
lite dévoué.

La Prusse a une triste page dans ses annales,
c'est d'avoir ouvert les portes de l'Europe à la
barbarie. Les descendants des croisés, ces pieux
chevaliers teutoniques, vaillants défenseurs de
la chrétienté, furent les premiers éclaireurs et
les guides des Moscovites, des Tartares, des
Cosaques, et se sont montrés eux-mêmes parfois
aussi barbares que les hordes asiatiques qu'ils

conduisaient en Europe. La France garde un triste souvenir de leur invasion. L'Alsace, la Lorraine, toutes les provinces qu'ils traversaient, et même les faubourgs de Paris, gardent encore les traces de leur cruelle rapacité.

La guerre de Crimée, qui détruisit tant le prestige de la Russie en Europe, paralysa aussi l'action et l'influence de la Prusse en Allemagne. Le cabinet de Berlin, ne se voyant plus appuyé par la Russie, n'osa prendre aucun parti dans la guerre d'Italie, et laissa aux sociétés démocratiques organiser ce mouvement national dont en vain il croit pouvoir au moment propice ressaisir la direction.

La Prusse, en évoquant aujourd'hui des dogmes et des principes auxquels elle n'a jamais cru elle-même, fait voir toute l'incohérence de ses idées et l'ignorance complète de l'esprit du temps. Guillaume Ier, oubliant qu'il n'y a pas plus d'un siècle que l'électeur de Brandebourg n'était encore que vassal du Saint-Empire, et que les princes de Prusse recevaient à genoux l'investiture de leur fief des mains des Rois de Pologne, proclame avec une ostentation prétentieuse, en face de l'Allemagne et de la Pologne stupéfaites de cette rodomontade, le dogme suranné du droit divin.

Cette déclaration est d'autant plus inopportune en ce moment, que la Prusse ne saurait arriver à la suprématie en Allemagne, qui fait l'objet de toute son ambition, que par une élection volontaire des souverains et des peuples.

Par la même contradiction, Guillaume Iᵉʳ fait placer sur ses emblèmes, sur les médailles commémoratives de son couronnement, cette belle et désintéressée devise : *Suum cuique*. Mais alors, pour mettre d'accord sa conduite avec les principes qu'elle émet, la Prusse devrait restituer à l'Autriche, à la Saxe, à la Pologne, les provinces qu'elle leur a enlevées en violation des traités, ce qui la ferait descendre au second ou au troisième rang des puissances européennes.

L'agitation actuelle de l'Europe, sans atteindre directement la Prusse, la menace peut-être plus que les autres États dans un avenir peu éloigné. Elle doit donc se hâter de se ménager des alliés et des auxiliaires. Or, elle ne pourra le faire sans abandonner la politique qu'elle a suivie jusqu'à présent, et sans donner des gages d'une conduite plus conforme à la justice et aux intérêts européens.

La plus jeune de la famille européenne, la Prusse a présenté l'exemple des plus grandes iniquités politiques, elle a commis de véritables attentats aux droits de souveraineté des monarques et des nations. Le rapt de la Silésie et le partage de la Pologne, dont elle fut la principale instigatrice (1), sont des crimes qui, dans

(1) Voir note 8

l'ordre politique comme dans l'ordre moral, re-
çoivent tôt ou tard leur châtiment. La disparition
de la Pologne sur la carte de l'Europe est une
des principales causes du malaise qui mine l'état
social des principales puissances. L'équilibre européen, la morale publique réclament une prompte
réparation envers la Pologne de la part de ceux
mêmes qui l'ont poussée perfidement dans l'abîme
au lieu de la secourir fraternellement dans ses
défaillances. La Prusse, qui ne possède que la
portion la moins considérable de l'ancienne Pologne, devrait profiter de la première occasion
que la situation des affaires au midi ou au nord
de l'Europe offrirait, pour demander un congrès
général, et faire de la reconstitution de la Pologne la base de sa politique. C'est le seul et unique
moyen pour elle de s'allier à la France, avec
laquelle elle a le plus grand intérêt aujourd'hui
d'entrer en communauté de principes et d'action.

Une puissance vraiment allemande qui n'agirait

que dans les intérêts de la nationalité des peuples germaniques, comprendrait facilement qu'on ne peut pas être à la fois Allemand dans le Holstein et à Posen. Mais la Prusse semble plutôt guetter avec avidité les symptômes de dissolution qui se manifestent en Russie, pour en détacher quelques provinces limitrophes, comme elle convoitait autrefois la Silésie et les provinces rhénanes. Avant tout, elle veut non une Allemagne unitaire, mais une Prusse toute-puissante.

Trois monarques s'étaient réunis pour partager la Pologne ; un seul, éclairé par l'opinion publique ou guidé par l'intérêt bien compris de ses peuples, suffirait pour réparer cette grande iniquité. Mais il faut qu'il se détache de ses complices et prenne la France et l'Angleterre pour arbitres et garants de sa conduite, car la Pologne n'aura plus jamais confiance dans ses spoliateurs, dussent-ils tous les trois tomber d'accord pour lui rendre son existence nationale, comme ils se sont entendus pour opérer son démembrement. Elle n'acceptera d'eux aucune réparation partielle ni générale que sous les auspices des puissances occidentales dont les principes et les décisions forment pour elle son droit international et ses devoirs politiques et sociaux.

La Pologne, plus que jamais, considère aujourd'hui son sort dépendant du développement de la civilisation occidentale, et lié aux destinées de la France qui en est la plus forte expression. Tant que la Sainte-Alliance, cette trinité monarchique ennemie de la Pologne, de la France libérale et de la dynastie napoléonienne, existera en principe, l'indépendance de la Pologne, fût-elle proclamée et garantie par les traités les plus solennels, ne sera toujours que problématique et passagère. La France, de même, dût-elle étendre ses frontières au delà du Rhin et jusqu'à l'Adriatique, tenir des garnisons dans les villes et les places fortes d'Allemagne, ne pourra jamais se livrer en paix et avec

sécurité à tous les développements matériels et .
moraux de son génie national, tant que subsisteront
en Europe les principes et les intérêts qui ont
formé et cimenté la coalition des trois spoliateurs
de la Pologne.

Le rétablissement de la Pologne est donc le
moyen le plus sûr d'empêcher les coalitions et de
rompre le faisceau qui tient réunies et liées, par des
contrats et des engagements réciproques, les
familles des Romanoff, des Habsbourg et des Hohenzollern.

La Prusse doit bien réfléchir sur la situation
d'isolement où elle va se trouver. Les souverains et les peuples ont les yeux fixés sur elle
et attendent, pour dessiner leur politique, de savoir au vrai la conduite qu'elle adoptera dans
les événements qui d'un moment à l'autre peuvent surgir au midi comme au nord de l'Europe.
Si elle reconnaît l'unité italienne et prend l'initiative des changements favorables aux principes

des nationalités, elle se trouvera d'accord avec les puissances occidentales et pourra aussi avec autorité intervenir en faveur de la nationalité allemande qu'elle protége avec tant de zèle dans les duchés de Schleswig et de Holstein.

Si, au contraire, elle persistait dans les errements de son ancienne politique et restait fidèle à ses complices, le Czar de Russie et l'Empereur d'Autriche, elle pourrait s'attirer tout le poids de la vengeance des États et des peuples de la race latine et slave. Si une campagne et la menace d'une révolution intérieure ont suffi pour réduire la Russie à l'impuissance, une seule bataille peut renverser la monarchie prussienne, dont l'ambition et les prétentions lui ont aliéné les gouvernements et les peuples. La Prusse en a fait déjà l'expérience à une époque qui a beaucoup d'analogie avec celle dans laquelle nous entrons. Les prédictions ne lui ont manqué pas plus alors qu'aujourd'hui. Il y a soixante ans le célèbre Burke écrivait, au sujet du partage de la Pologne, ces mémorables paroles :

« On se repentira un jour, disait-il, d'avoir to-
« léré la consommation de cette grande iniquité,
« et plus que tous les autres, les États qui y prirent
« le plus de part. »

Quelques années après, sous le premier Empire, à la veille de la guerre contre la Prusse et de la bataille d'Iéna, parut un opuscule qui eut alors la même signification que la fameuse brochure sur l'Italie publiée la veille de la bataille de Solférino. Son auteur anonyme, en glorifiant Napoléon Ier d'avoir été le fondateur d'un nouvel édifice social, l'encourageait *à venger la morale des rois*; il adressait aux trois copartageants de la Pologne cette terrible apostrophe :

« ...Ces souverains sont arrivés en Pologne pour
« partager ses dépouilles, comme des brigands
« qui se rendent au coup de sifflet du meurtrier
« qui vient d'assassiner un paisible voyageur. On
« a vu des invasions soudaines entre des barbares,

« des conquêtes entre des peuples qui s'étaient

« déclaré la guerre ; le plus faible subissait la loi du

« plus fort ; mais jamais des gouvernements civili-

« sés n'avaient donné l'exemple de cette immora-

« lité politique.

« Qu'y eut-il ensuite de respectable et de sûr

« dans les relations de leurs cabinets et dans l'em-

« ploi de leur puissance ? Ils donnèrent eux-mê-

« mes le droit de les faire descendre du trône ; ils

« brisèrent les liens sacrés qui faisaient leur sécu-

« rité commune. Ils avertirent que l'amitié, la

« confiance, les traités n'étaient rien dans leurs

« rapports mutuels ; ils donnèrent le premier

« exemple d'une anarchie de rois... Aussi, ce crime

« une fois consommé, on ne vit plus entre eux ni

« principes, ni confiance, ni sécurité... C'est dans

« le même esprit que la Russie cherchait des que-

« relles à la Porte-Ottomane et excitait des mou -

« vements en Suède. Sa première violation com-

« mise ouvrait la porte à toutes les autres, et les

« rois de l'Europe, spectateurs tranquilles du
« scandale, ne virent pas l'abîme où leur honneur
« et leur puissance allaient tomber ! »

L'Europe monarchique et absolutiste a pu, à
différentes époques, établir par des traités solennels un ordre politique et social, qui fut, autant
que les mœurs du temps le permettaient, un frein
à l'ambition des souverains et un gage de paix et de
sécurité pour les nations. Le traité de Westphalie,
bien qu'il n'assignât aucune place à la Russie ni à
la Prusse, n'a-t-il pas préservé pendant plus de cent
cinquante ans l'Europe, sinon des guerres, du moins
de grandes commotions politiques et sociales ?
Pourquoi donc l'Europe libérale, l'Europe civi-
lisée, ne pourrait-elle pas fonder un ordre de choses
plus conforme à l'esprit de l'époque ? Pourquoi ne
réunirait-on pas aujourd'hui dans un congrès général, sous les auspices de la France et de l'Angleterre, les puissances de nouvelle création, l'Italie

et la Belgique, et les vieilles monarchies devenues constitutionnelles, comme l'Espagne, la Suède et même l'Autriche, qui essaye en ce moment du gouvernement parlementaire?

Devant un tel aréopage, la Pologne, la Hongrie et l'Allemagne libérale se présenteraient fières et confiantes pour faire valoir leurs antiques droits. Elles accepteraient avec soumission tout ce que la sagesse d'un pareil congrès déciderait pour la paix et la sûreté de tous les membres de la grande famille européenne.

L'idée d'un congrès est très-populaire en Allemagne. Les publicistes les plus éminents en font ressortir la nécessité, et presque tous sont d'avis qu'aucun congrès général ou partiel ne pourra désormais se réunir sans s'occuper du rétablissement de la Pologne et de la reconstitution de l'Allemagne. Malheureusement les écrivains de Berlin se préoccupent un peu trop de la suprématie de la Prusse sur les autres puissances de la Confédération germanique, tandis que les Etats du midi de l'Allemagne, lorsqu'ils jouiront des institutions constitutionnelles, pourront, plus sûrement que les Etats du nord, conduire vers l'union libérale et fraternelle toutes les populations de la race germanique.

Une brochure récemment publiée, et qui a eu beaucoup de retentissement par le caractère semi-officiel qu'on lui attribue, demande le rétablissement de la Pologne par des combinaisons favorables à la Prusse, qui se trouve, en effet, la mieux placée pour profiter de tous les remaniements de territoires en Europe. L'auteur de la brochure (1) propose de donner la couronne des Jagellons à la dynastie saxonne, en échange du riche et fertile territoire de Saxe, qui est l'objet constant de la convoitise de la Prusse.

La maison de Saxe est, il est vrai, la dynastie légitime de la Pologne, qui est représentée en ce

____

(1) Voir note 9.

moment par une princesse qui vit à Dresde isolée et oubliée. On sait que la diète polonaise constituante, par le dernier acte de sa volonté souveraine, a appelé au trône de Pologne la dynastie saxonne et a désigné comme héritière du trône l'infante Augusta, tante du roi Jean, aujourd'hui régnant. Cet héritage ne porta pas bonheur à cette noble princesse, qui, condamnée au célibat, a vu sa fortune, comme celle de la Pologne, s'engloutir dans les flots de l'Elster. Le vaillant prince Joseph Poniatowski, qui y trouva une mort glorieuse, fut désigné par la politique de Napoléon Ier, comme par les vœux de la nation polonaise, pour le futur époux de la seule légitime reine de Pologne.

Du reste, le roi Jean est l'héritier naturel des droits de l'infante Augusta, âgée aujourd'hui de quatre-vingt-deux ans. Nous n'aurions aucune objection à faire à cette restauration, ni à d'autres combinaisons et arrangements ayant pour but le rétablissement de la Pologne, pourvu qu'ils soient sanctionnés dans un congrès général des États de l'Europe.

Simples sentinelles de l'opinion publique, nous n'élevons notre faible voix que pour revendiquer les vrais principes de justice et de morale, si outrageusement violés par le partage de la Pologne, et pour signaler, comme une nécessité de l'époque actuelle, le retour vers un équilibre européen plus en harmonie avec les intérêts généraux des nations et des dynasties qui président à leurs destinées.

Aveugle serait celui qui ne s'apercevrait pas que la civilisation moderne, celle que la révolution française de 89 a inaugurée, est aujourd'hui, après tant de luttes et de phases diverses, triomphante à l'occident et au midi de l'Europe. Cette civilisation, à l'aide de toutes les merveilles des inventions de ce siècle, de tous les progrès matériels acquis comme des bienfaits de l'humanité, s'avance victorieuse vers l'orient et le nord de l'Europe. C'est un flot qui monte toujours, se répand sur le sol qu'il arrose, mais qui ne recule et ne se perd jamais.

Un congrès général pourra seul prévenir les guerres et les insurrections populaires en Europe, opérer les transformations reconnues indispensables, et faire triompher sans de grands bouleversements politiques et sociaux ce double principe de nationalité et de la révolution de 89, dont le peuple italien au midi, et la nation polonaise au nord de l'Europe, sont par leur long martyre les représentants les plus illustres et les défenseurs les plus persévérants.

NOTES

ET

PIÈCES JUSTIFICATIVES

La révolution française servit de prétexte aux trois puissances spoliatrices pour accomplir le dernier et définitif partage de la Pologne.

Au moment où les Polonais votaient à l'unanimité et avec enthousiasme une constitution monarchique sage et libérale, la Russie et la Prusse, alléguant le danger que l'exemple de la révolution française donnait aux Polonais, et *pour assurer leur sûreté réciproque, voulurent*, comme ils le disaient dans leurs déclarations officielles, *resserrer la république de Pologne dans des limites plus étroites*. Ils ont fini par l'absorber tout entière dans leurs Etats, en lui faisant un crime des principes qui triomphaient en France, bien qu'il n'y eût alors aucune analogie entre les deux constitutions et la situation des deux pays.

Dans un manifeste que Frédéric-Guillaume publia le 25 mai 1793, en faisant entrer ses troupes sur le territoire polonais, il feignait surtout d'éprouver *de vives alarmes pour la sûreté de ses propres Etats par l'extension des principes français en Pologne. Ces motifs l'obligeaient*, ajoutait-il, *de prendre des précautions salutaires et de s'emparer provisoirement de Thorn et de Dantzig et d'une partie de la grande Pologne, pour assurer sa tranquillité et protéger les Polonais bien intentionnés*.

C'est ainsi que la Pologne, cernée d'un cordon de troupes ennemies, n'ayant pas de communications non-seulement avec la France, mais même avec ses plus proches voisins et alliés, payait de son asservissement les premiers triomphes de la révolution française. La Prusse voulait trouver en Pologne la compensation des échecs qu'elle venait d'éprouver en Champagne. La Russie et l'Autriche mettaient à contribution les provinces polonaises pour en tirer le plus de ressources possibles en hommes et en argent contre la France, dont elles allaient combattre les idées et la puissance en Italie et en Allemagne, ce qui amena la création des légions polonaises, si redoutables aux oppresseurs de leur patrie.

Pour rappeler les incidents et les faits principaux du partage de la Pologne, nous citerons quelques extraits des notes et documents officiels qui font voir la fourberie et l'iniquité des trois souverains spoliateurs de la Pologne.

La Russie est la puissance qui a le plus profité du démembrement de la Pologne; la Prusse en a été le principal instigateur; l'Autriche, du moins, tout en prenant sa part du butin, se montra timide et semblait honteuse du crime politique dont elle se rendait complice.

Une fausse et impolitique alliance, dans laquelle la Pologne se laissa entraîner par Pierre Ier contre la Suède, est la première cause de l'asservissement des Polonais aux Russes. Dès lors, sous le titre d'amie, d'alliée et de protectrice, la Russie infesta la Pologne de ses armées, pilla ses villes, ravagea ses campagnes et s'immisça avec astuce et persévérance dans les affaires intérieures du pays.

Dès son avénement au trône, Catherine II consentit au partage de la Pologne, et conclut dans ce but, en 1763, un traité d'alliance défensive avec Frédéric II, roi de Prusse. Un article secret assure, avec une perfidie calculée, aux Polonais le droit d'élection de leurs rois, dont cet article était déjà une violation manifeste.

Voici cet article :

« Comme il est de l'intérêt de Sa Majesté le roi de Prusse et
« de Sa Majesté l'impératrice de toutes les Russies d'employer
« tous leurs soins et tous leurs efforts pour que la république
« de Pologne soit maintenue dans son état de libre élection,
« et qu'il ne soit permis à personne de rendre ledit royaume
« héréditaire dans sa famille, Sa Majesté le roi de Prusse et
« Sa Majesté impériale ont promis et se sont engagés mutuel-
« lement et de la manière la plus forte, par cet article se-
« cret, non-seulement à ne point permettre que qui que ce
« soit entreprenne de dépouiller la république de son droit
« de libre élection, de rendre le royaume héréditaire dans
« tous les cas où cela pourrait arriver, mais encore à préve-
« nir par tous les moyens possibles, et d'un commun accord,
« les vues et les desseins qui pourraient tendre à ce but,
« aussitôt qu'on les aura découverts, et à avoir même, en cas
« de besoin, recours à la force des armes pour garantir la
« république du renversement de sa constitution et de ses
« lois fondamentales. »

C'est aussi Catherine II qui choisit le moment qu'elle croyait le plus propice pour l'accomplissement de son œuvre. Ayant accueilli le projet que le prince Henri de Prusse est venu lui apporter à Saint-Pétersbourg, elle lui traça en ces mots la situation des cabinets de l'Europe :

« J'épouvanterai la Turquie, je flatterai l'Angleterre ; char« gez-vous d'acheter l'Autriche, afin qu'elle endorme la
« France. »

L'éditeur des mémoires secrets trouvés à Berlin et publiés en 1806, à Paris, qui rapporte cette opinion de Catherine, ajoute les réflexions suivantes :

« En effet, l'histoire du partage de la Pologne est tout en« tière dans cette phrase. La Turquie fut effrayée des dangers
« d'une guerre ; l'Angleterre fut gagnée par l'espoir d'un
« traité de commerce avantageux ; l'Autriche fut appelée à
« prendre sa part des dépouilles, et le cabinet de Versailles,
« plus vieilli que le monarque, oubliant la dignité de sa cou« ronne, vit avec tranquillité la consommation d'un attentat
« inouï dans l'histoire, et qui allait ébranler tous les fonde« ments de la société européenne. »

Quatre-vingts ans plus tard, le petit-fils de Catherine, Nicolas Ier, a exposé en termes analogues la situation de l'Europe à l'ambassadeur d'Angleterre, en vue du partage de la Turquie. Mais l'Angleterre s'étant montrée mieux avisée et la France ne se laissant pas endormir, la Russie fut arrêtée dans ses projets ambitieux.

Le premier traité du partage de la Pologne fut signé à Pétersbourg, sous les yeux de Catherine qui en régla les conditions.

Ce premier partage coûta cinq millions d'habitants à la Pologne. Il l'éloignait de la mer Baltique et des monts Karpathes, et la séparait de ses alliés naturels. Le territoire de la Pologne fut livré aux incursions des armées russes et prussiennes qui, sous plusieurs prétextes, y pénétraient et y séjournaient.

Néanmoins la Pologne pouvait encore exister comme nation ; mais il était urgent de corriger les abus de son ancienne constitution, dont la Russie se déclarait perfidement garante et protectrice.

Les Polonais, animés du sentiment de l'amour de la patrie, se sont mis courageusement à l'œuvre ; la noblesse donna l'exemple en faisant le sacrifice de ses priviléges, et une diète générale a voté une constitution conforme à l'esprit du siècle, et qui, mise en vigueur, aurait permis au pays de reprendre son rang dans la famille européenne. Ce n'était point le but que se proposait Catherine. Etant parvenue à gagner, par ses promesses et par ses menaces, quelques oligarques polonais ayant de vastes possessions limitrophes de ses Etats, l'astucieuse Catherine leur fit organiser une confédération contre la nouvelle constitution. Cette confédération, agissant sous l'influence de la Russie et avec l'appui de ses armées, rétablit l'ancienne constitution, où Catherine exigeait le maintien de la forme du gouvernement républicain et du *liberum veto*, l'une des causes des malheurs de la Pologne, afin de perpétuer l'anarchie des diètes et d'assurer la faiblesse du pouvoir exécutif.

Les plus fougueux Jacobins n'ont jamais émis des doctrines et des théories aussi immorales que celles que l'on trouve dans les notes diplomatiques et les manifestes publiés à cette époque au nom des trois souverains copartageants. Pour diviser les Polonais entre eux et faciliter les opérations de ses armées dans le pays qui se levait en masse pour défendre la constitution votée par la diète générale, Catherine les engageait à se parjurer, en cherchant à violenter les consciences et à interpréter au profit de ses intérêts la sainteté du serment :

« S'il en était quelques-uns (disait-elle dans son manifeste du 18 mai 1792) qui balançassent à cause du serment que l'illusion leur fit prononcer ou que la force leur arracha, qu'ils soient bien convaincus que le seul serment sacré et véritable est celui par lequel ils jurèrent de maintenir et de défendre jusqu'à la mort le gouvernement libre et *républicain* sous lequel ils sont nés, et que reprendre cet ancien serment est le seul moyen de réparer le parjure qu'ils ont commis en prêtant le nouveau. »

Lorsque le second partage fut décidé, c'est l'ambassadeur russe Stackelberg qui fut chargé de communiquer au roi et au sénat de la Pologne cette odieuse spoliation. La note de ce représentant de Catherine est un monument de perfidie et de mensonge.

Catherine, feignant pour son empire des dangers dont il n'y avait pas la moindre apparence, exprime la crainte que l'esprit de désordre, qu'elle n'a cessé de susciter en Pologne, *puisse altérer l'amitié et la bonne harmonie qui subsistent entre les trois puissances.* Cette note se termine ainsi qu'il suit :

« Les puissances (la Russie, la Prusse, l'Autriche) ont ar-
« rêté entre elles de travailler, sans perdre de temps et
« d'un commun accord, à ramener la tranquillité et le bon
« ordre en Pologne, et à y établir, sur un fondement solide,
« l'ancienne constitution de cet État et les libertés de la na-
« tion.

« Mais comme, en empêchant dans ce moment la ruine et
« la décomposition arbitraire de ce royaume, par un heureux
« effet de l'amitié et de la bonne intelligence qui règnent ac-
« tuellement entre elles, elles ne sont pas en droit de pou-
« voir compter sur un égal succès, elles ont des prétentions
« considérables sur plusieurs possessions de la république ;
« elles ne peuvent pas se permettre de les abandonner au
« sort des événements ; elles ont donc arrêté et déterminé
« entre elles de faire valoir leurs anciens droits et leurs pré-

« tentions légitimes, que chacune d'elles sera prête à justifier
« en temps et lieux.

« En conséquence, Sa Majesté le roi de Prusse, Sa Majesté
« l'impératrice, reine de Hongrie et de Bohême, et Sa Majesté
« l'impératrice de toutes les Russies s'étant communiqué réci-
« proquement leurs droits et prétentions, et s'en faisant rai-
« son en commun, prendront un équivalent qui y soit pro-
« portionné, et se mettront en possession effective des par-
« ties de la Pologne les plus propres à établir dorénavant
« entre elles une limite plus naturelle et plus sûre; chacune
« des trois puissances se réservant de donner par la suite un
« état de part. Au moyen de quoi, Leurs Majestés renoncent
« à tous les droits, demandes et prétentions, répétitions de
« dommages et intérêts qu'elles peuvent avoir à former d'ail-
« leurs sur les possessions et sujets de la république....

« A Varsovie, le 2 septembre 1792.

« Signé : STACKELBERG. »

II

Les peuples slaves ont toujours montré beaucoup de penchant et d'attachement pour les institutions constitutionnelles. Au moyen âge, plusieurs États slaves avaient des assemblées délibérantes, de grands législateurs et des orateurs instruits et éloquents. Sous le gouvernement de Juillet, les habitants des divers pays slaves, qui arrivaient à Paris, aimaient à assister aux séances des chambres et se passionnaient pour les discussions parlementaires. J'ai eu souvent l'occasion d'être l'introducteur et le *cicerone* de ces futurs législateurs des pays slaves, qui m'accablaient de questions sur les moindres détails des travaux intérieurs de la Chambre des députés et sur les incidents alors si nombreux des luttes parlementaires, dont l'écho parvenait jusqu'aux points les plus reculés de l'Europe. Dans l'intention d'être agréable à ces néophytes parlementaires, je conçus alors l'idée de publier un livre intitulé : *Voyage autour de la Chambre des députés par un Slave.* C'était uniquement pour donner, sous une forme légère, une idée du mécanisme intérieur du gouvernement parlementaire, l'ennemi et la plus forte négation de l'absolutisme sous lequel, aujourd'hui encore, gémissent presque toutes les populations *slaves*.

III

(Extrait des *Mémoires inédits.*)

J'étais arrivé à Constantinople, en 1854, avec les premiers
détachements de l'armée française, dans l'espoir d'y trouver
l'occasion de servir contre l'ennemi implacable de ma patrie.
L'ouvrage que j'avais publié à Paris vingt ans auparavant (1),
et qui m'avait valu le grade de capitaine dans la légion étran-

(1) *Tableau statistique, politique et moral du système militaire de
la Russie.*

gère en Algérie, avait été connu par quelques-uns de mes anciens camarades. Plusieurs exerçaient des commandements supérieurs dans l'armée d'Orient et m'adressèrent, par écrit ou verbalement, de nombreuses questions sur l'organisation de l'armée russe et sur l'esprit du soldat qui depuis quarante ans ne s'était pas trouvé en face des baïonnettes françaises. N'ayant conservé aucune relation dans le pays, je savais seulement que l'empereur Nicolas, qui gardait toute sa sollicitude pour l'armée, y avait introduit de grands changements. Cependant, dans mon désir d'être utile à la cause que les puissances alliées semblaient vouloir servir en Orient, je rédigeai un mémoire où, après avoir exposé combien il était difficile d'avoir des notions exactes sur ce qui se passait dans un empire sequestré du reste du monde par la politique ombrageuse de ses souverains, je proposais la création d'un service de renseignements militaires, une sorte de chancellerie politique de l'armée. Ce service devait centraliser toutes les données et tous les avis qu'on pourrait se procurer par la presse, les prisonniers, les déserteurs, les agents secrets et les agents diplomatiques accrédités près des États limitrophes de la Russie.

Mon projet, accueilli très-favorablement par le général Canrobert, commandant l'armée par intérim, fut soumis au maréchal Saint-Arnaud aussitôt son arrivée à Gallipoli. Le maréchal, qui avait servi comme lieutenant dans la légion étrangère lorsque j'y étais capitaine, me connaissait particulièrement, et, après les explications que je lui donnai sur les diverses questions qu'il m'adressa, il me proposa de me charger de l'organisation et de la direction du service tel que je l'avais défini dans mon mémoire. J'acceptai cette mission, plus difficile et plus délicate que je ne l'avais pensé d'abord. mais à condition que je ne jouirais d'aucun traitement personnel et que j'aurais la faculté d'y employer les Polonais que le sort de la guerre mettrait à ma disposition. Mes conditions acceptées, le maréchal me laissa très-généreusement fixer moi-même le chiffre du budget de ce service improvisé et jusqu'alors sans précédent.

Avant que l'armée alliée eût été en mesure de commencer ses opérations et de se rapprocher du théâtre de la guerre, je crus devoir me rendre à Schumla et ensuite devant Silistrie, assiégée par les Russes, pour me mettre en rapport avec des prisonniers et des volontaires polonais qui, ayant appris l'arrivée des Français en Turquie, accoururent de tous côtés pour offrir leurs services. La retraite inattendue de l'armée russe, qui quitta précipitamment les provinces moldo-valaques, ayant modifié les plans de campagne des alliés, je revins à Varna, où je fus informé que l'on se proposait de faire un débarquement en Crimée.

Dès lors, il me fallut faire entrer de nouveaux éléments

dans mon service : heureusement, je pus trouver à Varna et en·Bulgarie des Tartares émigrés de Crimée, très-disposés à servir contre les Russes spoliateurs et oppresseurs de leur patrie. J'attachai à mon service un iman, Ahmet Effendi, ancien maître d'école de Baktchisseraï, Mahmoud, commandant turc, Ibrahim Yaya, négociant, et plusieurs autres Tartares. Le prince Sélim-Gueray, descendant des anciens khans de la horde dorée de Crimée, m'envoya sa généalogie en m'exprimant le désir de me prêter son concours. J'obtins du général en chef l'autorisation de l'emmener en Crimée avec toute sa suite. Il était pensionné par le Sultan et entretenait cinquante chasseurs qui faisaient la police dans les montagnes en détroussant, pour leur compte, les voyageurs qui traversaient les Balkans. Cette circonstance me fut malheureusement révélée trop tard et lorsque j'étais déjà devant Sébastopol. Le prince, que j'avais laissé à Eupatoria pour organiser un soulèvement parmi les Tartares, commença par exercer sur les marchands grecs et les habitants de la ville le métier qu'il faisait sur les routes et dans les défilés des Balkans. J'envoyai Ahmet Effendi pour l'arrêter et le conduire devant le conseil de guerre, mais il se sauva sur un bâtiment de la flotte turque dont le commandant s'était associé à ses brigandages.

Dès notre débarquement en Crimée, et après la bataille de l'Alma, plusieurs Polonais, la plupart jeunes sous-officiers, se présentèrent à nos avant-postes, demandant à servir dans les corps polonais. Ils croyaient que ces corps allaient être formés à la suite des armées alliées, comme le bruit s'en était répandu dans l'armée russe. Ils montraient tous le plus grand enthousiasme et imploraient la faveur d'être attachés au détachement de guides que je venais d'organiser auprès du quartier-général français dans l'intention de pouvoir fournir aux colonnes en marche des éclaireurs, lorsque, comme je l'espérais alors, l'armée serait obligée de pénétrer dans l'intérieur du pays.

Un détachement aux aigles polonaises et aux couleurs nationales eût alors suffi pour attirer aussitôt tous les Polonais de l'armée russe, composant plus d'un quart de chaque régiment, près de la moitié des sous-officiers. Malheureusement, l'idée d'une telle formation, résolue par la Turquie dès le début de la guerre, fut écartée par les alliés. Ils crurent, à tort, que soulever la question polonaise empêcherait l'Autriche de prendre part à la guerre contre la Russie; ce fut le contraire qui arriva : l'Autriche résolut de s'abstenir dès qu'elle vit que la guerre n'était pas portée en Pologne. Elle ne pouvait en effet s'engager contre la Russie qu'avec la certitude de ne plus la retrouver à sa frontière lorsqu'on signerait la paix.

Au surplus, mon budget ne me permettait pas d'entretenir,

en outre des Tartares attachés à mon service, plus de douze guides. Je réussis cependant à les monter tous sur les chevaux tartares et à les habiller avec les uniformes de soldats français que les ambulances de l'armée mettaient à ma disposition. Quelques-uns de mes guides ont gagné les terribles maladies qui ravagèrent alors les camps français et ont payé ainsi de leur vie le bonheur de porter la veste ou la capote d'un artilleur ou d'un lancier français, qui leur rappelaient le plus l'ancien uniforme national.

L'empereur Nicolas, pour fanatiser le soldat, avait envoyé à l'armée de Sébastopol les aumôniers les plus exaltés, entre autres l'évêque de Kief, le patriarche le plus vénéré de l'Église schismatique ; mais leurs prédications n'eurent pas le moindre succès. Les troupes ne montrèrent ni enthousiasme ni même bonne volonté pendant toute la campagne ; les marins des vaisseaux coulés dans la rade de Sébastopol, les Cosaques à pied de la mer Noire et le bataillon d'Arnautes, colonisé en Crimée sous Catherine II, firent seuls preuve d'un peu d'entrain au commencement de la campagne. Cependant, ces tentatives des popes schismatiques excitèrent l'ardeur des prêtres catholiques, qui, presque sous les yeux des chefs, prêchèrent aux soldats la désobéissance, en promettant la couronne du martyre à ceux qui s'abstiendraient dans le combat de tirer contre les Français, leurs frères en religion, leurs anciens alliés et les seuls amis de la Pologne. Ces prêtres

furent dénoncés et envoyés en Sibérie. J'ai observé qu'un
profond sentiment religieux soutenait le courage des Polonais
et leur patriotisme poussé souvent jusqu'à l'exaltation ; c'est
au milieu des prières et des larmes maternelles, adoucies par
les consolations de la foi, que fut élevée la nouvelle généra-
tion, vouée à la servitude et à la tyrannie des sbires et des
agents de Nicolas. Le hasard m'en a fourni des preuves incon-
testables.

Après la bataille de l'Alma, l'armée ayant établi ses bivouacs pour la nuit sur les rives du Belbek, en vue de Sébastopol, le prince Napoléon me fit appeler à ses avant-postes,
et dans une clairière, au milieu d'épaisses broussailles, me
fit voir une masse de sacs russes rangés en ordre, comme si
on devait en passer l'inspection. Nous descendons de cheval et
nous ouvrons plusieurs de ces sacs : ils contenaient tous les
mêmes objets ; seulement dans quelques-uns se trouvaient de
petits livres de formes différentes, usés comme des livres
qu'on a beaucoup lus. C'étaient des livres de prières en langue polonaise intitulés : *Petit autel de la Sainte-Vierge mi-
raculeuse de Vilna.* J'en pris deux avec moi, sans pouvoir
m'expliquer comment tous ces sacs se trouvaient abandonnés
dans ces lieux écartés. Deux mois plus tard, après la bataille
d'Inkerman, on m'amena deux jeunes cadets nobles polonais
prisonniers de guerre que je reçus dans ma tente. L'un d'eux,
nommé Golowinski, voyant sur ma table un des livres de

prières que j'avais apportés de Belbek, me dit que le livre lui avait appartenu et en sollicita comme une grande faveur la restitution. Ce livre lui avait été donné par sa mère lorsqu'il fut enlevé du sein de sa famille pour être incorporé dans l'armée.

Ce jeune cadet et son camarade m'apprirent que l'armée russe, après la bataille de l'Alma, s'était retirée si découragée et avec une telle précipitation, que la plupart des corps n'avaient pu être ralliés que sous le canon de Sébastopol. Les quatre bataillons du régiment de Taroutine étaient placés sur le Belbek, sous les ordres du général Wierofkin; mais aussitôt que les cosaques annoncèrent l'approche des troupes alliées, ces bataillons abandonnèrent leurs positions avec tant de hâte que plusieurs détachements laissèrent leurs sacs, de crainte d'être séparés de l'armée principale de Mentschikoff qui se retirait sur Simphéropol, ne se croyant pas en état de défendre Sébastopol.

Tous les jours, de jeunes Polonais, patriotes exaltés, venaient m'avertir des sorties de la garnison russe, de l'arrivée de nouveaux corps du fond de la Russie, m'apprenant que les troupes restaient parfois une année en marche; plusieurs régiments laissèrent en route ou dans les hôpitaux plus de la moitié de leur monde. Quelques-uns de ces jeunes gens demandaient à être conduits aux batteries pour rectifier le tir de nos canons, ou d'être envoyés aux postes les plus périlleux de l'armée. L'un d'eux m'apprit qu'un pharmacien de Sébastopol, Polonais d'origine, ayant su que nous cherchions à couper l'aqueduc et les conduits d'eau douce qui alimentaient la ville, avait conçu le projet inhumain d'empoisonner tous les puits. Il fut envoyé en Sibérie avant d'avoir pu mettre son projet à exécution.

Désirant surtout étudier l'esprit du soldat et le moral de l'armée, mes investigations se portaient particulièrement sur les complots, les conspirations militaires; car l'armée était en quelque sorte le seul refuge de la liberté sous le régime terrible et soupçonneux de Nicolas. En effet, l'esprit de corps, le sentiment de l'honneur et la camaraderie déjouaient l'espionnage et laissaient aux officiers une certaine liberté de discussion; eux seuls pouvaient recevoir des livres et des journaux prohibés et avoir quelques notions sur les affaires politiques de l'Europe. Mais, à mon grand désappointement, je ne reçus à cet égard que des déclarations vagues, confuses, et je compris que ceux qui dirigeaient ces associations savaient les couvrir d'un voile impénétrable. On me citait cependant le nom de quelques patriotes qui faisaient de la propagande nationale dans les rangs de l'armée russe. J'avais retenu, entre autres noms, celui du baron de Romer, appartenant à l'une des plus anciennes familles de Lithuanie. Ma mémoire me servit bien à cette occasion, car elle me permit d'empêcher un acte d'injustice dont deux de mes compatriotes faillirent être victimes.

Un jour, l'interprète attaché au brigadier sir John Campbell, qui commandait le camp anglais devant Balaclava, vint me prévenir que deux Polonais, l'un capitaine et l'autre simple soldat, étaient arrivés la veille aux avant-postes anglais. Ils étaient suivis d'une vingtaine de cavaliers qui avaient rebroussé chemin, ayant essuyé quelques coups de feu des dragons anglais placés du côté de la Tchernaïa. Les deux Polonais, aussitôt leur arrivée, avaient demandé que les chevaux cosaques qu'ils montaient fussent renvoyés au camp russe avec leurs harnachements et offraient au besoin d'en payer le prix aux dragons anglais. Cette demande insolite, ainsi que leur attitude, ayant paru suspecte au général anglais, il les avait fait diriger vers son quartier-général, où on les avait fouillés et traités comme des déserteurs soupçonnés d'espionnage. Bien qu'on n'eût trouvé sur eux ni papiers ni aucune pièce compromettante, on les avait retenus prisonniers et gardés à vue comme les criminels les plus dangereux. On se proposait même de les envoyer à Constantinople, où je savais que, dans leur insouciance pour les étrangers et leur sollicitude égoïste pour leurs nationaux, les Anglais n'hésitaient pas parfois à livrer, en échange de leurs prisonniers, les Polonais qui tombaient en leur pouvoir. Heureusement que l'interprète du général Campbell avait pu retenir le nom d'un de ces prisonniers et me le répéta en m'apprenant aussi le régiment dont il faisait partie. C'était le baron de Romer, que tous mes guides connaissaient et me signalaient comme le plus chaud patriote, devenu suspect aux Russes par ses sympathies pour la France. J'adressai immédiatement au général Canrobert un rapport pressant dans lequel je lui disais qu'il était impossible de traiter les Polonais au service de la Russie comme des déserteurs. Obligés de servir un gouvernement spoliateur de leur patrie, les Polonais croyaient faire acte d'héroïsme en brisant leurs chaînes au risque des plus cruelles tortures, car ceux qui tentaient de recouvrer leur liberté étaient impitoyablement condamnés à mourir sous les verges. J'ajoutais que mes compatriotes se considéraient, chacun individuellement et tous ensemble, comme en état permanent de guerre contre les Russes, et que les moyens les plus audacieux leur paraissaient les plus dignes pour combattre les oppresseurs de leur pays.

Je suppliai donc le général en chef d'intervenir auprès de lord Raglan pour que le baron de Romer et son camarade me fussent immédiatement envoyés, répondant sur ma tête de leur fidélité à la cause des alliés qui était la leur propre. J'étais décidé à quitter immédiatement mon poste et à retourner en France, si l'espoir même de voir cette guerre tourner au profit de mon pays m'eût été enlevé.

Deux heures ne s'étaient pas écoulées que je vis arriver à

mon cantonnement mes deux compatriotes. Ils étaient libres et accompagnés d'un sous-officier anglais avec ordre de son quartier-maître général de laisser les deux prisonniers à ma discrétion.

Je les accueillis avec une véritable émotion, particulièrement Romer, que je considérais comme un apôtre et un vrai martyr de la cause nationale. En effet, dès sa plus tendre jeunesse, encore sur les bancs du collége, Romer fut signalé comme un esprit dangereux à la police vigilante et ombrageuse de la Russie. Incorporé dans un régiment et envoyé au Caucase, il obtint par son courage et sa bonne conduite le grade d'officier ; il avait le droit alors de donner sa démission, il en profita pour rentrer dans sa famille. A dater de ce moment, il fit partie de toutes les associations qui se formèrent pour la délivrance du pays, et lorsque, en 1848, la Hongrie fit son soulèvement, Romer parcourut toutes les provinces polonaises pour tenir les patriotes en éveil et les préparer à une insurrection générale de la Pologne. Ce fut alors que l'empereur Nicolas se décida à intervenir en faveur de l'Autriche, non, comme disaient ses panégyristes ignorants, par un sentiment de générosité chevaleresque, en voisin loyal et désintéressé, mais dans son propre intérêt et pour éteindre l'incendie qui menaçait de gagner ses États. Romer, au moment de l'entrée des troupes russes en Hongrie, se trouvait sur les frontières de la Transylvanie, où il cherchait à nouer des intelligences avec les Hongrois et les Polonais sous les ordres du brave général Bem. Il fut trahi par un habitant d'origine allemande qui lui donnait l'hospitalité et livré aux Russes. Jeté en prison, soumis à toute espèce de tortures, il ne révéla rien, et quoiqu'on n'eût aucune preuve de sa culpabilité, il fut incorporé, comme simple soldat, dans le régiment de Taroutine en garnison à Moscou. Ce régiment ayant été envoyé en Crimée, Romer se montra brave et impassible au feu, ce qui lui valut la croix de Saint-Georges pour laquelle sa compagnie le désigna par acclamation.

Son camarade était un capitaine du même régiment, fils d'un ancien officier supérieur de l'armée polonaise qui avait servi dans sa jeunesse sous les drapeaux français. Il s'appelait Chodasiewitch et sortait du corps des cadets de Pétersbourg. Excellent dessinateur, il avait été chargé de lever le plan des positions occupées par les armées alliées, ce qui lui permettait de visiter les avant-postes des cosaques destinés plutôt à empêcher la désertion des Polonais qu'à surveiller le mouvement des troupes alliées occupées aux opérations du siége de Sébastopol. Chodasiewitch prépara le projet d'évasion que Romer lui avait suggéré. Ils avaient été induits en erreur par les rapports inintelligibles de quelques déserteurs allemands ou algériens qui avaient pris pour une troupe polonaise les quelques guides attachés à mon service.

Un grand nombre de jeunes cadets promus officiers et qui

venaient d'arriver au camp russe, demandèrent à Chodasiewitch de faire ensemble une excursion aux avant-postes
pour observer les positions occupées par les Anglais, qui exci-
taient surtout leur verve guerrière. Chodasiewitch s'empressa
d'accepter cette proposition, prévint Romer, et ayant em-
prunté les chevaux des cosaques, moyennant une légère
rétribution, ils se dirigèrent tous du côté des lignes anglaises
où les deux Polonais pénétrèrent seuls et se rendirent à la
grande-garde qui les constitua prisonniers.

Romer et Chodasiewitch restèrent au camp des armées
alliées, devant Sépastopol, jusqu'à la fin de la campagne. Ce
dernier fut attaché, sur sa demande et sous ma responsabilité,
au quartier-général de lord Raglan, où il fut traité avec les
plus grands égards.

Romer, qui comprenait parfaitement le français, fut retenu
par moi au quartier-général de l'armée française.

Tous les deux ont eu, par l'intermédiaire des Tartares qui
leur servaient d'espions, des rapports suivis avec leurs compatriotes restés dans les rangs de l'armée russe. Ils recevaient
souvent des lettres collectives de leurs anciens frères d'armes
qui les suppliaient de leur apprendre si les puissances alliées
songeaient à la Pologne. Mais, comme aucune formation polonaise n'avait lieu, les deux patriotes ont été obligés d'em-

ployer tous leurs moyens de persuasion pour empêcher leurs compatriotes de les rejoindre.

Chodasiewitch, dont les travaux topographiques furent très-utiles à l'état-major de l'armée anglaise, s'est rendu à l'issue de la campagne à Londres, où il publia sur la guerre de Crimée un livre qui a eu beaucoup de succès en Angleterre. J'ignore ce qu'il est devenu depuis; on m'a dit qu'il a été employé comme officier supérieur dans les troupes de la compagnie des Indes.

Romer resta auprès de moi pendant plus de sept mois devant Sébastopol, en donnant tous les jours à la cause des alliés contre la Russie des témoignages d'un dévouement absolu. Lorsque l'état de ma santé me força de revenir en France, Romer continua à remplir les mêmes fonctions, avec le même dévouement, sous les ordres du colonel Dessaint, auquel j'avais remis mon service tel que je l'avais organisé et dirigé dès le début de la campagne. Au moment où la paix fut conclue avec la Russie, on n'oublia pas Romer; il fut naturalisé Français et envoyé en Afrique, dans la légion étrangère, avec le grade de lieutenant. Quel ne fut pas mon étonnement lorsque, six mois après, je le vis arriver chez moi, à Paris. Je crus d'abord qu'il avait obtenu un congé pour rétablir sa santé, fortement ébranlée par les terribles épreuves de sa vie aventureuse, mais il me détrompa en m'annonçant qu'il avait donné sa démission et qu'il n'était que de passage à Paris, car il quittait la France probablement pour toujours. Il me dit qu'il avait été reçu avec distinction par ses chefs et par ses camarades, et que même on lui avait fait entrevoir la perspective du grade de capitaine avant deux ans. Mais Romer n'était accessible à aucune idée d'intérêt personnel : l'amour de la patrie, qui inspirait tous ses actes, lui faisait considérer le service en Algérie, si avantageux qu'il fût pour lui, comme l'abandon de la cause sacrée de la Pologne à laquelle il a voué sa vie entière. Il retournait en Turquie, où il espérait, soit en se rendant au Caucase, soit en restant dans un pays voisin de la Pologne, trouver l'occasion de servir encore contre la Russie.

De tous les Polonais qui sont venus chercher un refuge sous les drapeaux des armées alliées, pas un ne s'est rendu indigne de l'hospitalité qui leur fut accordée, bien qu'ils aient été déçus dans leurs espérances et qu'ils n'aient obtenu que vers la fin de la campagne d'être réunis en un corps distinct, que le gouvernement anglais autorisa le général Zamoyski à former sous le nom de Cosaques du sultan.

Parmi mes compatriotes que j'envoyai en Turquie pour faire partie de ce corps, plusieurs ont obtenu des témoignages de satisfaction du général en chef, qui a pu apprécier leur conduite. Trois d'entre eux furent l'objet d'une sollicitude toute particulière de la part des deux quartiers-généraux témoins de leur admirable dévouement. Ils ont été les héros d'un des épisodes intéressants de cette guerre gigantesque.

Vers le milieu du mois de décembre 1854, après la bataille d'Inkermann, si meurtrière pour l'armée russe, le général Liprandi quitta subitement ses positions devant Balaclava pour se retirer derrière la Tchernaïa. Cette retraite, à laquelle on ne s'attendait pas, préoccupa vivement les deux quartiers-généraux de l'armée alliée. On ignorait si c'était un mouvement combiné avec les opérations de l'armée principale ou si le manque de vivres obligeait l'ennemi à resserrer ses cantonnements. Le général Canrobert, qui poussait alors avec vigueur le siége de Sébastopol, me donna l'ordre d'envoyer sur les derrières de l'armée russe les Tartares les plus dévoués pour connaître au juste la situation du corps de Liprandi et la cause réelle de sa retraite spontanée. Je réunis immédiatement tous mes Tartares, je leur fis les offres les plus séduisantes pour les engager à se charger de cette mission qui n'était pas sans danger. En effet, les Cosaques et les Grecs au service de la Russie redoublaient de surveillance sur tout le parcours de la Tchernaïa et des montagnes qui séparent Balaclava de la vallée de Baydar ; en outre, un grand nombre d'espions grecs se glissaient au milieu de nos camps et donnaient le signalement des Tartares et des Polonais qui se trouvaient à notre quartier-général. Aussi, ni mes offres, ni les menaces de les renvoyer ne purent décider aucun de mes Tartares à accepter ma proposition.

Alors je fis comprendre à mes guides polonais que c'était à eux de se dévouer dans l'intérêt de l'armée alliée. Trois d'entre eux s'offrirent sans hésiter : de Verny, d'origine française ; Golowinski, ancien employé à la Banque de Pologne, qui après avoir été détenu et torturé dans la citadelle de Varsovie, fut condamné à servir comme simple soldat ; enfin Kopec, fils d'un paysan, enrôlé de force dans l'armée russe. Aucun d'eux ne connaissait ni la langue ni le pays où ils venaient d'arriver avec leurs régiments par la grande route de Simphéropol. J'offris de nouveau aux Tartares toutes sortes de récompenses pour les engager à servir seulement de guides à mes émissaires. Deux acceptèrent, mais à condition que mes émissaires polonais ne seraient point armés, ce qui parut suspect à mes compatriotes et à moi. Les Russes, en effet, employaient souvent les Tartares pour faire la chasse aux déserteurs et payaient tant par tête de chaque soldat amené au camp mort ou vif ; aussi mes guides polonais préférèrent partir seuls pour remplir leur dangereuse mission. Trois jours se passèrent sans que j'entendisse parler d'eux, lorsqu'une nuit on introduisit dans ma tente un berger tartare qui insistait pour m'entretenir sans délai. Ce berger m'apprit que deux de mes émissaires se trouvaient cachés près de la mer, sur le sommet d'un rocher à pic inaccessible par terre, mais que peut-être en envoyant une barque par mer on pourrait les recueillir. Je rendis compte de cet incident au général en chef Canrobert, qui fit immédiatement demander à lord Raglan de faire expédier du port de Balaclava un bateau à vapeur ou une embarcation quelconque afin de leur porter secours. La chose n'était pas facile, car la mer était grosse et le jour on ne pouvait s'approcher de la côte sans être en vue des cosaques, qui auraient ainsi découvert la retraite de mes guides. On craignait, d'un autre côté, si on tardait trop, de ne plus trouver que des cadavres ; car, transis de froid, mourant de faim et de soif, les malheureux restaient blottis dans le creux d'un rocher sans faire aucun mouvement, de crainte d'être aperçus. Cependant, après deux jours d'angoisses, je les vis arriver à mon camp ; une barque de pêcheur avait pu arriver pendant la nuit jusqu'au pied du rocher et les avait ramenés dans un état pitoyable. Golowinski s'était blessé grièvement à la jambe droite et je fus obligé de l'envoyer à l'hôpital ; l'autre resta plusieurs jours malade par suite des fatigues et des privations qu'il avait endurées.

Le général en chef m'ayant demandé un rapport spécial sur leur conduite, je l'informai que mes trois émissaires, après avoir franchi, dans la nuit, la ligne des avant-postes russes, étaient parvenus sur la crête des montagnes qui dominent la Tchernaïa et avaient pu, d'après la disposition des bivouacs et des feux de l'ennemi, reconnaître la position du corps de

Liprandi. Ils revenaient déjà vers notre camp lorsqu'ils furent dépistés par les cosaques qui se mirent à leur poursuite. Surpris par la tempête et les rafales de neige qui couvraient tous les sentiers, ils s'égarèrent. Kopec s'étant cassé la jambe, resta en arrière et je n'ai jamais pu savoir ce qu'il est devenu. On me rendait tous les jours compte des exécutions barbares, par les verges, des soldats soupçonnés de désertion : peut-être Kopec a-t-il payé par cette mort affreuse son dévouement à la France. Les deux autres, épuisés par une marche forcée et ne pouvant franchir les montagnes qui les séparaient de Balaclava, se réfugièrent sur un rocher près de la mer. C'est alors que la Providence leur fit rencontrer un chevrier qui avait un frère dans notre camp; ils se confièrent à lui pour me donner avis de leur fâcheuse position.

Le général en chef touché de leur dévouement, me chargea de leur remettre une somme d'argent assez considérable pour leur témoigner sa satisfaction. Tous les deux me supplièrent de dire au général qu'ils seraient très-heureux de verser leur sang jusqu'à la dernière goutte pour le service de la France, mais qu'ils se trouveraient humiliés d'être récompensés comme des soldats mercenaires ou de vils espions. Cependant, lorsque, vers la fin de la campagne, mes deux guides furent envoyés à Constantinople à la division polonaise, le général en chef demanda au gouvernement turc le grade d'officier pour tous les deux et me chargea de pourvoir, aux frais de la France, à leur premier équipement.

Il en fut de même de ceux qui, volontaires ou prisonniers de guerre pris à Bomarsund et devant Sébastopol, furent admis à servir dans la division polonaise. Tous, par l'organe de leur chef, le général Zamoyski, ils ont refusé la prime très-considérable (400 fr.) que le gouvernement anglais accordait alors aux soldats étrangers comme à ses nationaux servant sous les drapeaux britanniques.

L'époque tardive où l'on se décida à les employer, et bientôt après la signature de la paix, ne permit pas d'en réunir plus de deux mille. Mais ils auraient été dix et peut-être vingt mille, si, après la prise de Sébastopol, on eût enfin abordé la Russie par son côté le plus vulnérable, ses provinces polonaises.

IV

Pendant la guerre de Crimée, lorsque je fus chargé du
service des renseignements militaires à l'armée française, j'ai
reçu un rapport détaillé sur l'esprit qui animait cette ville et
la province dont elle est la métropole. Dans ce rapport on
m'apprenait que les paysans montraient leurs sympathies
pour la France d'une manière si ostensible, que le gouvernement en avait pris ombrage. — Ils refusaient de travailler
aux fortifications que les Russes faisaient élever autour de la

ville, et disaient hautement qu'ils attendaient avec joie l'arrivée des Français qui leur apporteraient la liberté. Dans quelques villages on fut obligé d'employer la force pour dissiper les rassemblements ; un grand nombre de paysans furent passés par les verges, d'autres ont été envoyés dans les *mines de Sibérie.*

V

Tout officier, tout supérieur, le dernier caporal, peut infliger une punition corporelle au soldat, non-seulement pour le manque à la discipline, mais pour la moindre erreur à l'exercice ou dans le maniement des armes. A cet effet, toutes les fois qu'il y a des manœuvres, on conduit des chariots remplis de verges sur le terrain. Le soldat condamné à être fustigé est dépouillé de ses vêtements et couché le ventre par terre ; il est frappé par deux de ses camarades désignés par le chef. Les Russes moscovites ont l'habitude, dans cette posture et après chaque coup de verge, d'adresser les supplications les plus humbles et de donner à leurs bourreaux les noms les plus tendres, de *père, bon père, père clément, miséricordieux*, etc., etc. ; les supplications désarment quelquefois le courroux de l'officier, qui fait cesser cette barbare torture ; mais il faut que le patient se relève rapidement quoique meurtri et ensanglanté et remercie l'officier de sa générosité. S'il parvient à montrer de la gaieté, à dire le mot plaisant, l'officier quelquefois fait donner au sujet si bien façonné à la discipline un verre d'eau-de-vie ou une pièce de monnaie. Les soldats polonais n'ont jamais pu vaincre leur caractère et leur dignité d'homme, pour implorer leur pardon ou remercier le barbare qui les faisait martyriser. Ils gardaient un silence morne et résigné sous les verges qui déchiraient en lambeaux leur corps ; on les traitait en rebelles, ils expiraient mais ne se dégradaient pas.

VI

A la bataille de Traktir, le général Read, qui commandait
en chef, fut tué par un boulet de canon au milieu de ses
troupes. Son cadavre tomba au pouvoir des troupes françaises,
et on trouva sur lui son portefeuille, qui contenait les états des
troupes et des indications précieuses pour les opérations
ultérieures de notre armée. De pareils faits sont sans exemple dans les armées régulières en Europe, où souvent les
aides de camp, les officiers, les soldats, au risque de leur

vie, arrachent des mains de l'ennemi les corps de leurs chefs. Les Russes, autrefois, poussaient jusqu'au fanatisme leur dévouement à leurs officiers ; il existe même dans le règlement de l'armée une disposition spéciale qui accorde à chaque officier envoyé en tirailleur deux soldats appelés gardes de corps. Ces soldats n'ont d'autre mission que de veiller sur la personne de l'officier; ils poussaient souvent leur dévouement au point de se mettre devant l'officier pendant le feu, afin de le couvrir de leur corps contre les balles de l'ennemi.

VII

Le principe de *nationalité* n'est entré dans le langage officiel qu'en 1831, lorsque le roi Louis-Philippe, dans un discours de la couronne, a prononcé, au grand mécontentement des trois monarques spoliateurs de la Pologne, ces paroles mémorables : *La nationalité polonaise ne périra pas.* Ce mot de *nationalité*, diversement interprété, donna lieu à une polémique très-animée dans la presse à cette époque.

Parmi les publications qui ont paru sur cette question, on doit citer une brochure, éditée déjà en 1840, sous le titre de *la Reconstitution des nationalités européennes*. L'auteur de cette brochure, M. Henri Chonski, après avoir fait une étude approfondie des éléments principaux sur lesquels repose, selon lui, l'idée de *nationalité*, fait ressortir les traits principaux de la division ethnographique de l'Europe. Nous reproduisons textuellement cette partie de sa brochure :

« L'Europe est la contrée *japhétique*, peuplée presque en totalité de race blanche ou caucasienne. Les premières tribus de cette race, connues sous le nom de Pélages, de Keltes, Gaulois, Kimris, Teutons, Sarmates, etc., partirent probablement du haut plateau de l'Asie centrale et des frontières de l'Inde, en se dirigeant vers la mer Caspienne, le Caucase pontique et l'Asie Mineure. Les uns franchirent les mers (d'où leur vient probablement le nom des Pélagiens) et peuplèrent d'abord la Grèce : les autres se disséminèrent au nord du Pont-Euxin, du mont Hæmus et des Alpes. La race dominante en Europe dans l'antiquité est la *race gréco-latine*, peuplant sle pays riverains de la Méditerranée, et se mêlant plus loin au nord aux populations celtiques. Vers la fin du deuxième siècle avant l'ère chrétienne, apparaît une autre famille issue de la même souche, les Cimbres, les Teutons, *race germanique*, qui six siècles plus tard vient s'asseoir victorieuse sur les décombres de l'empire romain. L'Europe du moyen âge est sous la domination de cette race, qui tient sous son joug la race gréco-latine, devenue race *romano-celte*. La lutte de l'élément latin avec l'élément germanique remplit toute l'histoire moderne et ne finit qu'à la révolution française et la chute de Napoléon, par l'intervention d'une troisième race européenne, longtemps ignorée, dominée, mais qui à son tour vise à une prépondérance absolue en Europe, la *race slave*. Voici donc cette puissante trilogie ethnographique européenne. A l'heure qu'il est, les populations des trois races principales en Europe sont presque équivalentes. Chacune d'elles compte environ soixante et quelques millions d'habitants, et domine plusieurs familles secondaires, qui finiront par se fondre en elle : telles sont les familles *basque, bretonne, flamande* au milieu de la race romane ; les familles *hollandaise, gaélique, irlandaise* aux confins de la race germanique ; telles sont enfin les familles *finnoise, leltone, magyare, valaque, albanaise* et *grecque* au milieu de la race slave. La famille *turque*, de race asiatique mongole, n'est que campée en Europe.

« Chacune des trois races principales admet encore une division trinaire. Ainsi, la race latine ou romano-celte se subdivise en trois grandes familles : italienne, espagnole (y compris la portugaise) et française. La race germanique comprend l'Allemand, l'Anglais et le Scandinave. Enfin, la race slave embrasse trois divisions principales, Russes, Polonais et Slaves méridionaux, ou transcarpathiens (Autrichiens).

« Cette division en trois races et neuf grandes nationalités est de plus en parfaite harmonie avec les grandes divisions géographiques de notre partie du globe. En effet, la famille espagnole et portugaise occupe la péninsule Ibérique, bornée par la mer et les Pyrénées, la famille italienne peuple ce beau pays *che il mar circonda e l'Alpe* (1). La France, entourée de l'Océan et de la Méditerranée, s'appuie aux barrières naturelles des Pyrénées et des Alpes, et sur

____

(1) Pétrarque.

la ligne stratégique du Rhin. La Grande-Bretagne est ceinte de ses flottantes murailles de bois *(wooden walls)*. L'Allemagne, appuyée aux Alpes et à l'Adriatique, flanquée à l'est des contrées slaves et de la France à l'ouest, descend en pente douce vers les deux mers du nord. La Scandinavie s'allonge entre les deux mers et la ligne des lacs de la Finlande. La Dzwina, le Dniéper et les Carpathes séparent la Pologne de ses deux voisines de l'est et du sud, issues de la même souche. »

VIII

Dans l'intervalle des vingt ans qui se sont écoulés entre le premier et le dernier partage, la Prusse prit à l'égard de la Pologne un rôle non moins odieux que la Russie, mais plus perfide encore, car elle y joignit le mensonge et la trahison. Frédéric-Guillaume II proposa une alliance offensive et défensive aux Polonais, leur promit l'intégrité de leur territoire, en désavouant de la manière la plus formelle toute idée de nouveau partage. Il félicita même, par une lettre qu'il adressa au roi Stanislas-Auguste, du choix que la diète, de concert avec le roi, ont fait de la princesse de Saxe, l'infante Augusta, pour l'héritière de la couronne. Son ambassadeur Lucchesini déclarait ostensiblement, à Varsovie, *que le dessein de son roi était de rendre à la Pologne son éclat, sa gloire et sa liberté, et de garantir l'Europe de l'ambition des barbares du Nord.* Cependant, le cabinet de Berlin n'a pas cessé de conspirer avec la cour de Saint-Pétersbourg, et sollicite avec instance de Catherine l'autorisation de s'emparer des villes de Thorn et de Dantzig, dont la politique prévoyante de l'Angleterre lui avait interdit la prise de possession lors du premier partage.

C'est ainsi que Frédéric-Guillaume, qui avait excité pendant trois ans, par tous les moyens possibles, les Polonais pour secouer le joug moscovite, n'a pas eu le moindre scrupule de démentir ses paroles et ses traités, et s'est enrichi sans remords des dépouilles du pays dont il se disait publiquement ami et allié.

IX

Il y a deux mois, a paru en Prusse une brochure publiée par
le docteur Mertzig, sous le titre : *Lettre adressée à la Société
nationale allemande (National Verein) réunie à Dantzig.*
La *Gazette de Cobourg*, qui reproduit en entier cette lettre,
déclare qu'elle est autorisée à la publier comme un docu-
ment important à signaler dans la situation actuelle. On sait
que la *Gazette de Cobourg* est l'organe du duc régnant de

Saxe-Cobourg-Gotha, promoteur et protecteur de la Société nationale allemande, qui agit dans les intérêts de la Prusse et sous ses auspices.

Le docteur Mertzig cherche à établir dans sa brochure que le rétablissement de la Pologne était une *entrave* imposée par les cabinets européens à la Prusse, *ce représentant naturel*, comme ce docteur le prétend, de l'Allemagne. En conséquence, il indique comme le seul moyen, le moyen indispensable de délivrer la Prusse de ses *entraves*, de proposer au congrès européen le rétablissement de la Pologne sous son roi légitime, Jean de Saxe. La Prusse devrait, pour atteindre ce but, ajoute l'auteur de la brochure, conclure une alliance avec la Suède, la Belgique, la Hollande, l'Angleterre, la France, la Russie et la Sardaigne (actuellement l'Italie). Une pareille coalition n'aurait nul besoin d'employer la force armée. Le droit d'hérédité dans les principautés saxonnes passerait à la maison de Hohenzollern, le droit des AGNATS serait reversé sur la couronne de Pologne... La Pologne et le ZOLLVEREIN allemand formeraient la même association commerciale; Posen et Dantzig deviendraient des forteresses fédérales prusso-polonaises.

La *Gazette d'Augsbourg*, qui dans son numéro du 1er octobre publie le résumé de cette brochure, n'a élevé aucune objection contre le système proposé par le docteur Mertzig, bien que celui-ci signale le partage de la Pologne comme une *entrave* pour l'Allemagne qu'il faut se hâter de faire disparaître.

TABLE DES MATIÈRES

CHAPITRE I. — Les Polonais et la Révolution française. 5

CHAPITRE II. — Les Slaves du nord et de l'est de l'Europe. 35

CHAPITRE III. — Les Slaves du midi et du sud-est de l'Europe. 51

Chapitre IV. — Le Czarisme. 55

Chapitre V. — Le Germanisme. 79

Chapitre VI. — Reconstitution de l'Europe.
Rétablissement de la Pologne. 93

Notes et pièces justificatives. . . . 129

171. — PARIS. — IMP. POUPART-DAVYL ET COMP

30, rue du Bac, 30.

www.ingramcontent.com/pod-product-compliance
Ingram Content Group UK Ltd.
Pitfield, Milton Keynes, MK11 3LW, UK
UKHW021050230726
13926UKWH00004B/1761